AF455382

TRAITÉ THÉORIQUE

VÊTEMENTS DE DAMES

ÉCOLE DE COUPE "NAPOLITANO"

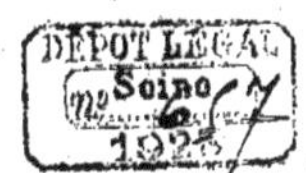

TRAITÉ THÉORIQUE

DES

VÊTEMENTS DE DAMES

Enseignement pratique des modèles de tous styles,
de toutes conformations
et de tous genres

PAR LES

Professeurs L. GAUDET et J. MÉTAIRIE

Gaudet et Métairie

28, Rue Bergère, 28
PARIS (IXe)

Bien faire et laisser dire !

INTRODUCTION

NOTE DES AUTEURS

Dans le présent ouvrage, fruit de nos longues années d'expérience, nous nous sommes attachés à démontrer de la façon la plus simple qu'il soit possible, les moyens pratiques de couper les vêtements pour dames d'après des mesures ordinaires connues de tous les professionnels tailleurs-couturiers ou couturières du monde entier.

Pour les vêtements du haut : Gilets, Boléros, Jaquettes, Vestes, Manteaux *de tous genres et de toutes formes, le tracé du corsage établi d'après les mesures de la personne, est la base sur laquelle toutes les formes diverses s'établissent avec facilité, lorsque, avec un peu de pratique, l'on a compris le mécanisme de façonnage de chaque partie du vêtement.*

Un peu de pratique aussi est nécessaire dans la lecture des figurines de mode pour savoir exactement discerner où doivent se placer les coutures du modèle choisi et juger de la largeur à donner à chaque morceau pour répondre à l'ampleur du modèle. Savoir aussi opérer en bonne place les motifs de découpage et donner en supplément pour les fronces ou godets ainsi que façonner les plis si la figurine en est pourvue.

Les nombreuses combinaisons contenues dans cet ouvrage serviront d'amorce à cette étude de pratique que chacun doit acquérir et ensuite, par les mêmes moyens, n'importe quelle combinaison que nous apportera les modes futures sera obtenue avec la même facilité.

La jupe s'obtient par une théorie excessivement simple qui peut être apprise en quelques heures. Pour elle aussi, toute la plus grande science de réussite réside dans la pratique : de la disposition, de l'ampleur, du découpage, du façonnage, des motifs divers. Baguettes. Tabliers de diverses formes. Panneaux divers, unis ou plissés. Groupe de plis ou entièrement plissée et enfin des façons les plus diverses aux ceintures.

Ces détails, les figurines les donnent, il suffit de savoir les lire pour en comprendre du premier coup d'œil l'emplacement sur son tracé et la façon nécessaire.

Tout cela devient rapidement un jeu pour toute personne qui s'adonne comme l'on doit à sa profession. Travailler avec goût, amour-propre de son travail et intelligence.

L'enseignement à notre école où la majeure partie des explications est donnée pour la compréhension de ces petites notions de pratique si utiles à acquérir, libère en peu de temps l'élève du souci des tâtonnements du début.

Nous conseillons donc à tous ceux qui peuvent venir faire un petit voyage à Paris, de nous rendre visite en vue de passer quelques jours à l'école.

A ceux que ce voyage est impossible, nous rappelons que toujours nous nous sommes faits un devoir et un plaisir de répondre de notre mieux aux demandes de renseignements qui nous sont adressés, soit directement par lettres, soit par la voie de nos journaux, par nos causeries et études ainsi que dans la rubrique Boîte aux lettres. Tout ce qu'il nous est possible de faire pour l'enseignement professionnel de notre chère corporation a toujours été notre but.

L. GAUDET ET J. MÉTAIRIE.

Démonstration de la prise des mesures

des grosseurs du buste et de la hauteur de poitrine

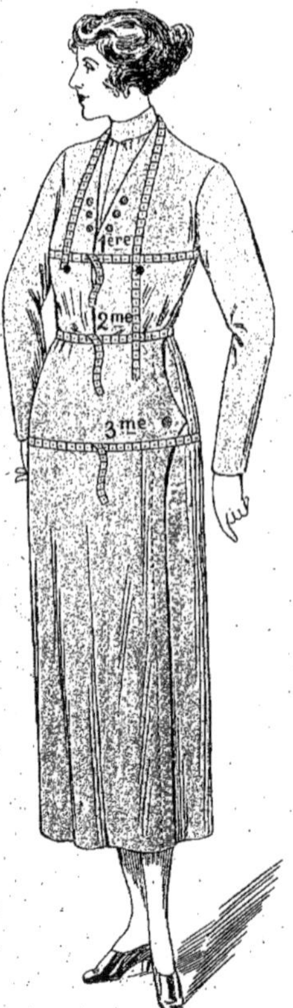

Fig. 1

Fig. 1

1re mesure : **Grosseur de poitrine,** prise naturelle au plus fort de la poitrine.

2e mesure : **Grosseur de ceinture,** prise au creux de taille.

3e mesure : **Grosseur du bassin,** prise naturelle à la partie la plus forte, soit à environ 20 cent. au-dessous de la taille.

Mesure supplémentaire : **Hauteur de poitrine**. Se prend le centimètre placé à cheval sur le cou, de la proéminence d'un sein à l'autre. Se note par moitié, ce qui donne exactement la longueur de la nuque au plus fort de la poitrine. Cette mesure est utile pour les vêtements ajustés; elle sert à fixer l'endroit où la pince du devant doit donner son maximum de bombé.

NOTA. — Les grosseurs s'inscrivent par moitié.

Démonstration de la prise des mesures *(Suite.)*

Fig. 2

4e mesure : **Longueur de la taille,** prise de la nuque au creux de la taille.

5e mesure : **Longueur totale du vêtement.**

6e mesure : **Largeur de carrure,** prise du milieu du dos au montage de la manche.

7e mesure : **Longueur de la manche au coude,** prise depuis le milieu du dos.

8e mesure : **Longueur totale de la manche,** prise depuis le milieu du dos.

N.-B. — Les grosseurs s'inscrivent par moitié et les longueurs en totalité.

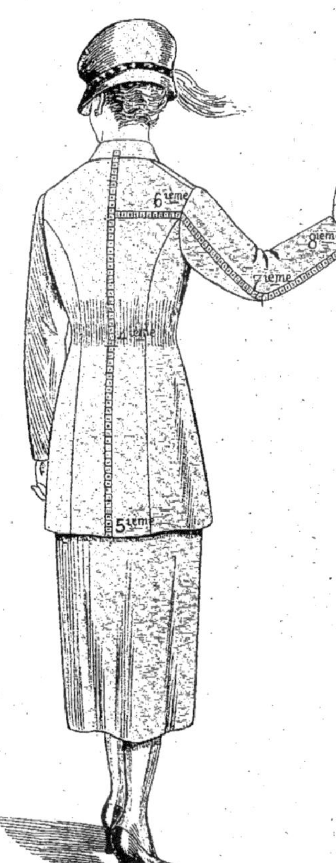

Fig. 2

Recommandation importante

Des mesures ci-dessus, nous recommandons comme très importante la largeur de carrure. Cette mesure doit se prendre avec beaucoup d'attention.

Très exactement au niveau de la demi-épaisseur du bras, du milieu du dos à la rotule du bras à l'épaule.

De connaître la proportion de cette mesure pour chaque grosseur et chaque tenue aide le débutant et lui évite les grosses erreurs de mesurage que peut lui occasionner son inexpérience.

Mesures dites de Conformation

prises de la nuque au point d'aplomb

Fig. 3

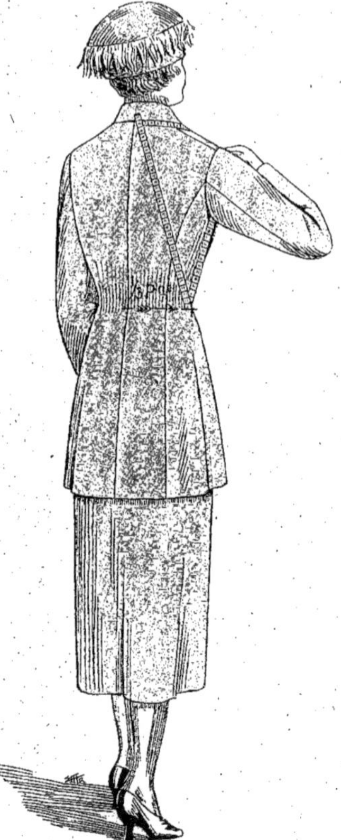

Fig. 3

Fixation du point d'aplomb sur la personne : Au creux de la taille, du milieu du dos, placer 1/3 de la grosseur de poitrine (exemple pour 48, soit 16) et marquer ce point par une petite croix à la craie ou par une épingle.

1re mesure : **De la nuque au point d'aplomb** par derrière, le centimètre passant sur l'omoplate.

2e mesure : **De la nuque au point d'aplomb**, le centimètre passant à l'avant du bras.

NOTA — Ces deux mesures sont assez délicates à prendre et ne peuvent bien se prendre que sur un vêtement ajusté. Elles déterminent la tenue de la personne de la façon suivante :

Dans la tenue normale la deuxième mesure est plus longue que la première de 1/6 moins 2 de poitrine, soit juste en supplément la largeur que l'on donne au haut du dos dans les tracés.

Si la différence est moindre de 1 ou 2 cent. de la donnée ci-dessus, la personne est voûtée d'autant. Si au contraire, la différence est plus grande de 1 ou 2 cent. la personne est renversée de cette valeur.

Ces deux mesures ne sont pas obligatoires dans notre système, le praticien y supplée par son jugé au coup d'œil, de la tenue de sa cliente, et l'explication détaillée des tracés de toutes tenues données dans cet ouvrage, permettra à chacun de faire les variations pour chaque tenue dans le bon sens, évitant ainsi l'exagération que peut parfois donner une mesure mal prise ou faussée par une erreur quelconque involontaire.

Mesure de la descente d'épaules

Fig. 4

Sur le travers du dos, d'une extrémité de couture d'épaulette à l'autre : Placer le centimètre tendu horizontalement pour servir de ligne d'équerre, puis, sur la couture du milieu du dos, marquer l'endroit de passage supérieur du centimètre et mesurer très exactement de la nuque (endroit où doit passer la couture du col), la longueur existant comme descente d'épaules.

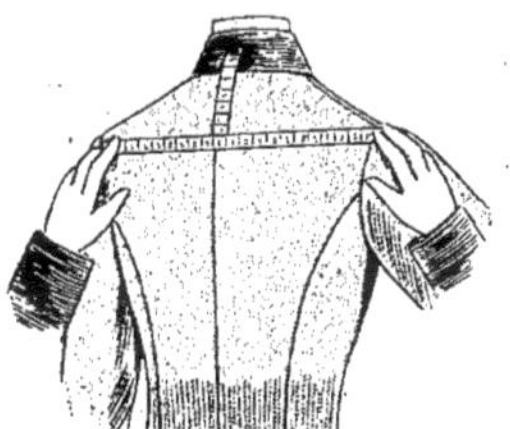

Fig. 4

NOTA. — Nous recommandons de placer l'extrémité de la couture d'épaulette vers l'emmanchure à environ 1 petit cent. en dessous du faîte de l'épaule. Si le vêtement sur lequel on opère n'a pas les coutures placées à cet endroit, faire avant de tendre le centimètre une petite marque au bout de chaque épaule de l'endroit préconisé pour l'aboutissant de ces coutures d'épaulette. Avec ces précautions, cette petite mesure se prend facilement.

Elle est très utile, car elle donne pour chaque personne le cadre exact de la pente des épaules et de plus, grâce à elle, par proportions tirées de la grosseur de poitrine, l'on obtient avec la plus grande facilité une ligne de profondeur d'emmanchure bien plus précise que par n'importe quelles mesures de profondeur d'emmanchure usitées dans différents systèmes de coupe.

Dans notre barême nous considérons comme épaules normales les personnes ayant 6 de descente d'épaules.

ÉTUDE DU CORSAGE

Tracé théorique par 4 Mesures

avec supplément de la mesure de descente d'épaules

Demi-grosseur : Poitrine . . . . 48 c. **Longueur de taille** . . . . 37 c.
— — Ceinture. . . . . 36 c. **Largeur de carrure** . . . . 17 c.

Descente d'épaules : 6

TENUE NORMALE, ÉPAULES NORMALES

Fig. 5

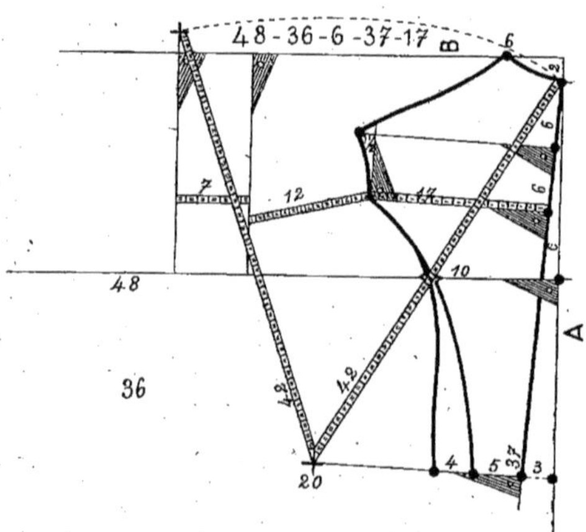

Fig. 5

Établir un angle droit A B.

Point de la nuque. — Au-dessous de la ligne horizontale B descendre de . . . . 2 c.

Longueur de la taille. — Depuis le point 2, appliquer la mesure, soit . . . . 37 c.
Eloignement du milieu du dos, de la ligne A, 3 cent. pour toutes grosseurs.
Tracer une ligne droite de la nuque au point de la taille.

Largeur d'encolure du dos. — 1/6 de poitrine moins 2, soit . . . . 6 c.
Sans dépasser 8 cent. dans les fortes tailles.

ÉTUDE DU CORSAGE *(Suite.)*

Descente d'épaules. — Depuis le point de la nuque en descendant sur la ligne du milieu du dos, appliquer la mesure 6 cent. pour épaules normales.

Pour épaules basses, la mesure prise, soit 7 ou 8 cent. Pour épaules hautes, même opération, soit 5 ou 4 cent.

Au point de la descente d'épaules, ligne d'équerre, sur celle du milieu du dos,

Ligne de carrure. — Au-dessous de la ligne de descente d'épaules, descendre de la même valeur que l'encolure du dos, soit 1/6 de poitrine moins 2 cent. = 6 cent. à ce point, ligne d'équerre sur celle du milieu du dos.

N.-B. — Cette ligne ne doit pas dépasser 8 cent. pour grosses tailles de conformation normale.

Pour les tenues voûtées elle s'arrêtera à 8 1/2 et pour les renversées à 7 1/2.

Largeur de carrure. — Sur la ligne de descente de carrure, appliquer la mesure, soit 17 c.

A ce point, ligne verticale parallèle à celle du milieu du dos.

Profondeur d'emmanchure. — En dessous de la ligne de carrure, sur le milieu du dos, descendre de 1/6 de poitrine moins 2 cent. pour toutes tailles, soit . . . . . . 6 c.

A ce point, ligne horizontale d'équerre sur A.

Pointe d'épaulette. — Éloignement de la largeur de carrure dans le haut. . . . . 1 c. 1/2

Ligne d'épaulette. — Du point 6 au point 1 1/2, légèrement cintrée vers le cou et légèrement bombée vers l'épaule.

Largeur du dos à la ceinture. — Moyenne pour corsages. . . . . 5 c.

Cette largeur est facultative.

Côté du dos. — Ligne courbe allant du point de carrure à la largeur du dos à la ceinture, soit point 5.

Petit côté. — Au niveau de la taille, s'éloigner du côté du dos de 4 cent., façonner le petit côté par une courbe douce, qui cintre légèrement au creux de la taille et un léger bombé vers l'omoplate.

Ligne d'avancement d'emmanchure. — En avant du point de carrure, porter légèrement biaisée la valeur nécessaire au diamètre d'emmanchure, soit 1/4 juste de poitrine pour toutes tailles et sans limite, soit 12 cent. pour 48.

A ce point, ligne verticale d'équerre sur B.

Ligne d'encolure. — En avant de l'emmanchure 1/6 de poitrine moins 1 cent., soit . . 7 c.

A ce point, ligne d'équerre sur B.

N.-B. — Cette largeur se diminuera de 1/2 cent. pour les tenues voûtées et s'augmentera de 1/2 cent. pour les tenues renversées.

Réglage de la tenue et placement du point d'aplomb. — Au niveau de la longueur de taille, tracer une ligne d'équerre sur celle du milieu du dos.

Appliquer invariablement 1/3 de poitrine plus 4 cent., soit 16 + 4. . . . . . . 20 c.

Pivotement du point d'aplomb. — Mesurer la longueur qui existe depuis la nuque point 2 au point 20 et reporter cette même mesure du point 20 à la ligne d'encolure du devant ; ce pivotement donne la pointe d'épaulette à l'encolure pour une tenue normale.

N.-B. — Pour une tenue voûtée il y aura lieu de raccourcir la mesure du devant de 1, 2 ou 3 cent., selon le degré de voussure. Pour la tenue renversée, il faudra au contraire rallonger cette mesure dans les mêmes proportions, selon le besoin.

ÉTUDE DU CORSAGE *(Suite.)*

Formation de l'épaulette, l'emmanchure, l'encolure et ligne de milieu du corps

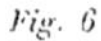

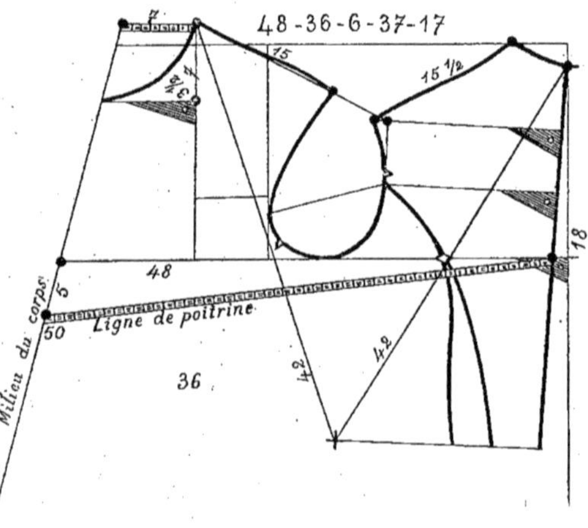

Fig. 6

Ligne d'épaulette. — Du point de l'encolure du devant au point de hauteur d'épaules du dos, ligne droite.

Réglage de la largeur d'épaulette. — Mesurer l'épaulette du dos et donner à celle du devant 1/2 cent. en moins pour l'embu nécessaire au développement. Soit pour 15 cent. 1/2 sur le dos, 15 cent. sur le devant.

Façonnage de l'épaulette. — Du point 15 au point 7, ligne bombée vers le bras et légèrement creusée vers le cou.

Façonnage de l'emmanchure. — Partant du point de carrure, allant vers la profondeur d'emmanchure et venant toucher la ligne d'avancement, tracer une courbe régulière, qui s'ovalise bien dans l'angle et se termine en ligne presque droite, à la pointe d'épaulette du devant.

ÉTUDE DU CORSAGE *(Suite.)*

Grosseur de poitrine. — Appliquer la mesure 48 + 2 cent. pour le développement, soit 50 cent.

Cette mesure s'applique depuis le milieu du dos, niveau de la profondeur d'emmanchure, en s'inclinant invariablement de 5 cent. sur le devant, en dessous de la profondeur d'emmanchure.

Cette ligne devient ligne de poitrine.

Ligne de milieu du corps. — Au niveau de la pointe d'épaulette à l'encolure, avancer de 1/6 de poitrine moins 1 cent., soit 7 cent.

De ce point, passant au point 50, ligne droite se prolongeant vers le bas, jusqu'au niveau de la taille, appelée ligne du milieu du corps.

Formation de l'encolure du devant. — De la pointe d'épaulette, sur la ligne d'encolure, descendre en moyenne de 1/6 de poitrine moins 1 cent., soit 7 cent. à ce point ligne d'équerre sur celle d'avancement d'encolure.

Façonnage de l'encolure. — Dans l'angle formé par les deux lignes, remonter de la moitié de la descente, soit 3 cent. 1/2. Puis de la pointe d'épaulette, passant au point 3 1/2 pour se terminer sur la ligne de descente; courbe douce comme l'indique le cliché.

ÉTUDE DU CORSAGE *(Suite.)*

Séparation des petits côtés, formation des pinces, vérification de la tenue

Fig. 7

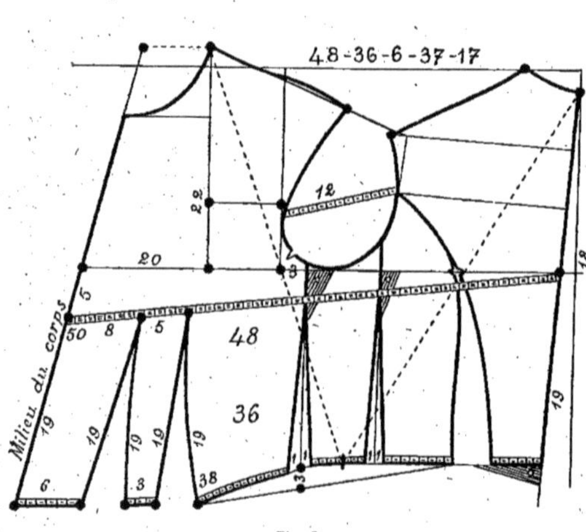

Fig. 7

Réglage de la longueur du devant. — Mesurer sur le milieu du dos, la longueur existant depuis la profondeur d'emmanchure au bas de la taille, soit 19 cent.

Reporter cette mesure sur la ligne du milieu du corps, en partant de la ligne de poitrine, c'est-à-dire point 5 et en descendant.

Ligne de séparation du devant et des petits côtés. — Sur la ligne de profondeur d'emmanchure, éloignement de la ligne d'avancement d'emmanchure, 3 cent. Ce point peut varier selon les tailles. Au point 3, ligne perpendiculaire et d'équerre sur celle de profondeur d'emmanchure.

Partage des petits côtés. — Le petit côté obtenu par la ligne de séparation, se divise en deux parties égales, à sa moitié ligne perpendiculaire et d'équerre sur celle de profondeur d'emmanchure.

Pinces des petits côtés. — A la ceinture, au niveau de la ligne de taille, enlever chaque côté des deux lignes droites, 1 cent., et façonner les lignes de côté, légèrement bombées.

ÉTUDE DU CORSAGE *(Suite et fin.)*

Formation des pinces du devant. — Sur la ligne de poitrine, éloigner la première pince du milieu du corps de 1/6 de poitrine, soit 8 cent. Éloignement de la deuxième pince de la première, 5 cent. Ce point peut varier selon les grosseurs.

Éloignement de la première pince dans le bas, 2 cent. de moins qu'en haut, soit 6 cent.

Valeur des pinces. — Mesurer la totalité du bas du corsage, en tenant compte des pinces des petits côtés, nous trouvons 46 cent. La mesure de ceinture devant avoir 36 + 2 = 38 cent., la différence entre 46 et 38 étant de 8 cent., c'est donc cette valeur qui doit se répartir entre les deux pinces. Soit 4 cent. chacune.

Le petit panneau entre les deux pinces est calculé pour cette taille de 3 cent. Ce point peut varier selon les grosseurs.

La ligne avant des pinces est droite à la règle, celle arrière est légèrement bombée.

Réglage des longueurs. — Chaque ligne de pince doit avoir une longueur égale à la ligne du devant, depuis la ligne de poitrine, soit 19 cent.

Réglage du creux de la taille. — Depuis la pointe du bas du petit côté à la longueur de la dernière ligne de pince, ligne droite.

Sur la perpendiculaire de séparation du devant et des petits côtés, creux d'environ 3 cent. Du reste, ce cintrage se produit de lui-même en venant retrouver la ligne de taille, au point de séparation du devant et des petits côtés.

Vérification de la tenue. — Sur la ligne du milieu du dos, depuis la nuque, mesurer la longueur existant jusqu'au niveau de la profondeur d'emmanchure, soit 18 cent. Cette mesure doit se retrouver sur le devant plus 4 cent., soit 22 cent. de la profondeur d'emmanchure à la pointe d'épaulette à l'encolure.

Ceci pour conformation normale. Les tenues voûtées devront avoir moins et les tenues renversées plus.

Les détails de ces variations seront donnés dans les études qui vont suivre.

N.-B. — Nous prions nos lecteurs, avant de pousser plus loin leurs études, de bien étudier à fond cette théorie base, qui les guidera pour toutes les autres, quelle que soit la forme du vêtement ou la conformation du sujet à habiller.

Pour cette raison, les tracés des corsages qui vont suivre ne seront que succinctement décrits, la lecture seule des chiffres du cliché servant amplement à reproduire avec facilité la figure lorsque l'on a compris la description détaillée de la taille que nous venons de décrire.

Corsage terminé

indiquant la variation des pinces, de petit côté et de dos

Fig. 8

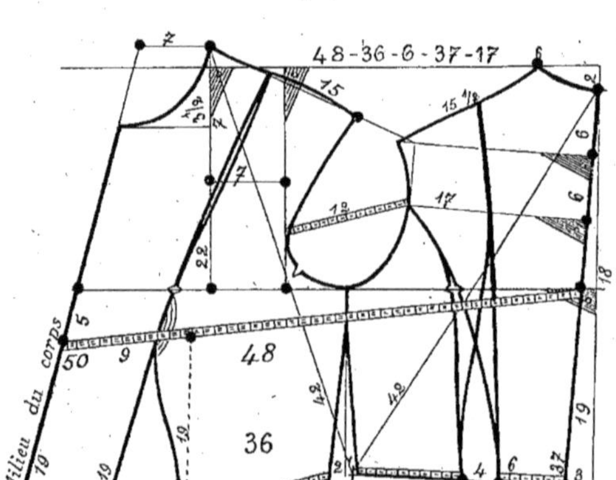

Fig. 8

Devant avec une seule pince formant bretelle, qui se termine au milieu de l'épaulette.

Le panneau du devant est établi à 9 cent. du haut et 8 cent. du bas.

Dos à deux combinaisons, l'un à couture bretelle, se terminant au milieu de l'épaulette, l'autre à couture cintrée se terminant à l'emmanchure.

La pince du dessous de bras qui sépare le petit côté du devant est de 3 cent., 2 cent. sur la partie du devant et 1 cent. sur le petit côté.

Dans ce genre, le bas du dos se fait un peu plus large que le genre à deux petits côtés. Pour cette grosseur, 6 cent.

Tous les autres points restent les mêmes.

Corsage tenue normale

Bas et devant à coutures bretelles, 1 seul petit côté

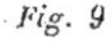

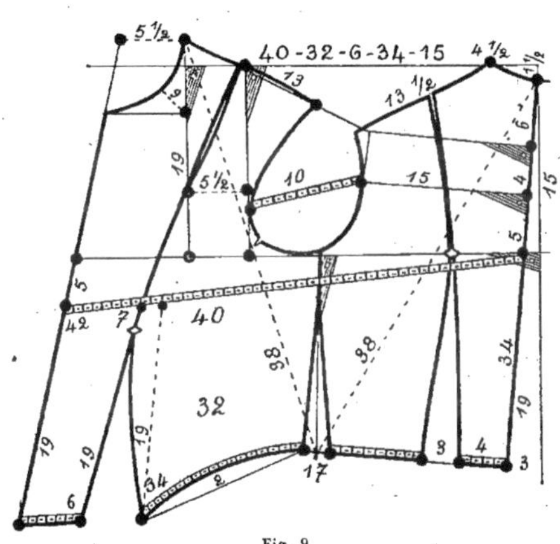

Fig. 9

Creux d'encolure point de nuque	1 c. 1/2
Largeur d'encolure du dos.	4 c. 1/2
Descente d'épaules. (Normales.)	6 c.
Ligne de carrure en dessous la descente d'épaules.	4 c.
Profondeur d'emmanchure en dessous de la ligne de carrure.	5 c.
Longueur de taille.	34 c.
Largeur de carrure.	15 c.
Diamètre d'emmanchure.	10 c.
Point d'encolure. — (Redressement.)	5 c. 1/2
Grosseur de poitrine. — 40 + 2.	42 c.
Milieu du corps. — En avant de l'encolure 5 c. 1/2 de ce point, passant au point 42 ligne droite se prolongeant vers le bas.	
Pince entre le dos et le petit côté.	3 c.
Réglage de la ligne de ceinture. — Sur le devant, partant de la ligne de poitrine point 5, même longueur que sur le dos, soit	19 c.
Grosseur de ceinture. — La mesure plus 2 cent., soit.	34 c.
Vérification de la tenue. — Sur le dos 15 cent., sur le devant 4 cent. en plus, soit.	19 c.
Point d'aplomb. — (Tenue normale.) Sur le dos 38 cent., sur le devant	38 c.

Corsage tenue normale

Couture de montage du dos se terminant au bout de l'épaulette ainsi que la pince du devant

Fig. 10

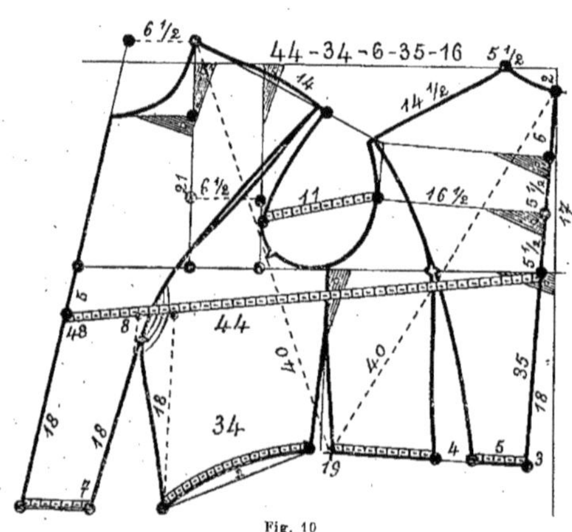

Fig. 10

Creux d'encolure point de nuque	2 c.
Largeur d'encolure du dos	5 c. 1/2
Descente d'épaules. — (Normales.).	6 c.
Ligne de carrure en dessous la descente d'épaules.	5 c. 1/2
Profondeur d'emmanchure en dessous la ligne de carrure	5 c. 1/2
Longueur de taille	35 c.
Largeur de carrure.	16 c.
Diamètre d'emmanchure.	11 c.
Point d'encolure. — (Redressement.).	6 c. 1/2
Grosseur de poitrine. — 44+2	46 c.
Milieu du corps en avant de l'encolure	6 c. 1/2

De ce point, passant au point 46, ligne droite se prolongeant vers le bas.

Petit côté. — Au milieu de l'emmanchure, ligne d'équerre descendant au niveau de la taille.

Pince entre le dos et le petit côté	4 c.
Grosseur de ceinture. — La mesure plus 2 cent., soit.	36 c.
Point d'aplomb. — (Tenue normale.) Sur le dos 40 cent., sur le devant	40 c.

Corsage tenue normale

Couture de montage du dos se terminant à l'emmanchure
Devant couture bretelle se terminant près de l'encolure

Fig. 11

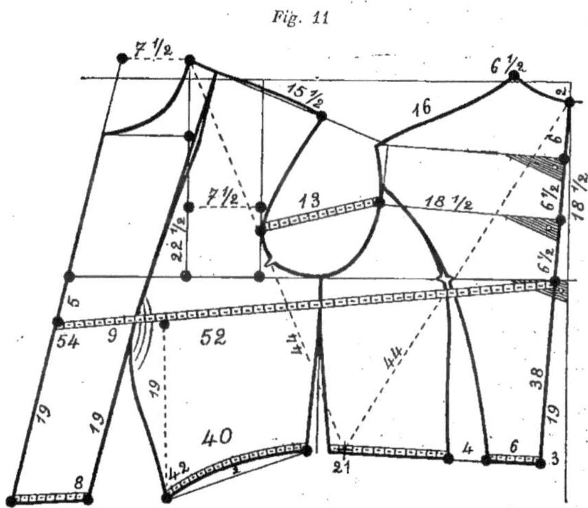

Fig. 11

Angle droit A B.

Creux d'encolure point de nuque	2 c.
Largeur d'encolure du dos	6 c. 1/2
Descente d'épaules. — (Normales.)	6 c.
Ligne de carrure en dessous la descente d'épaules	6 c. 1/2
Profondeur d'emmanchure en dessous la ligne de carrure	6 c. 1/2
Longueur de taille	38 c.
Largeur de carrure	18 c. 1/2
Diamètre d'emmanchure	13 c.
Point d'encolure. — (Redressement.)	7 c. 1/2
Grosseur de poitrine. — 52+2	54 c.
Milieu du corps. — (En avant de l'encolure.)	7 c. 1/2
Petit côté. — Au milieu de l'emmanchure, ligne d'équerre descendant au niveau de la taille.	
Pince entre le dos et le petit côté	4 c.
Réglage de la ligne de ceinture. — Sur le devant partant de la ligne de poitrine, point 5; même longueur que sur le dos, soit	19 c.
Vérification de la tenue. — Sur le dos 18 c. 1/2, sur le devant 4 cent. en plus, soit.	22 c. 1/2
Point d'aplomb. — (Tenue normale.) Sur le dos 44 cent., sur le devant	44 c.

Corsage tenue normale

Couture de montage du dos se terminant à l'emmanchure
Devant avec pince s'arrêtant à la poitrine

Fig. 12

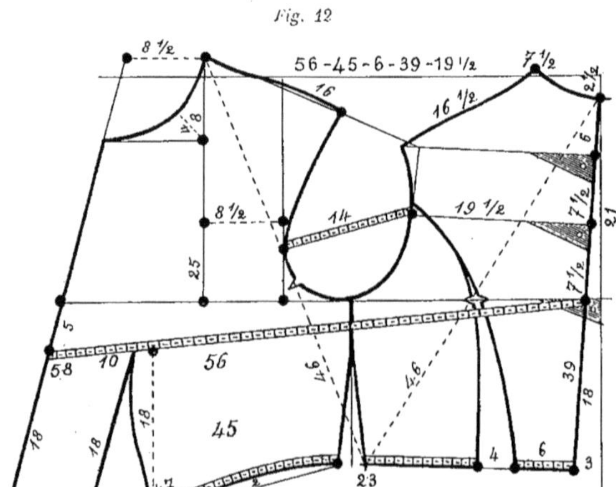

Fig. 12

Angle droit A B.

Creux d'encolure point de nuque . . . . 2 c. 1/2

Largeur d'encolure du dos . . . . 7 c. 1/2

Descente d'épaules. — (Normales.) . . . . 6 c.

Ligne de carrure en dessous la descente d'épaules . . . . 7 c. 1/2

Profondeur d'emmanchure en dessous la ligne de carrure . . . . . . 7 c. 1/2

Longueur de taille . . . . 39 c.

Largeur de carrure . . . . 19 c. 1/2

Diamètre d'emmanchure . . . . 14 c.

Point d'encolure. — (Redressement.) . . . . 8 c. 1/2

Grosseur de poitrine. — 56 + 2 . . . . 58 c.

Milieu du corps. — (En avant de l'encolure.) . . . . 8 c. 1/2

De ce point, passant au point 58, ligne droite se prolongeant vers le bas.

Petit côté. — Au milieu de l'emmanchure, ligne d'équerre descendant au niveau de la taille.

Réglage de la ligne de ceinture. — Sur le devant, partant de la ligne de poitrine, point 5, même longueur que sur le dos, soit . . . . 18 c.

Grosseur de ceinture. — La mesure plus 2 cent., soit . . . . 47 c.

Vérification de la tenue. — Sur le dos 21 cent., sur le devant 4 cent. en plus, soit. . 25 c.

Point d'aplomb. — (Tenue normale.) Sur le dos 46 cent., sur le devant. . . . . 46 c.

Corsage tenue normale

Dos et devant couture bretelle passant au milieu de l'épaulette

Fig. 13

N.-B. — Toutes les grosseurs qui sont décrites succinctement ont pour base la première étude faite sur le 48 de demi-grosseur de poitrine.

Notre système étant basé sur l'application des mesures, il n'y a donc qu'à appliquer celles-ci pour obtenir le vêtement allant au sujet à habiller.

Les études suivantes démontreront d'une façon pratique les changements à apporter pour les modifications nécessaires aux différentes conformations.

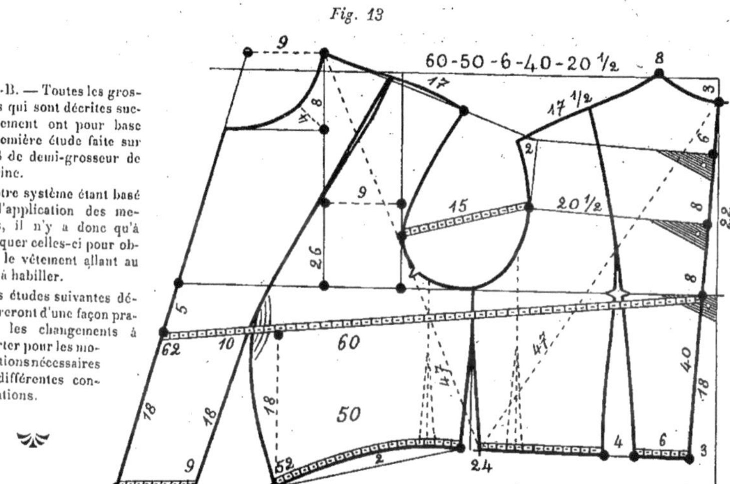

Fig. 13

Angle droit A B.

Creux d'encolure point de nuque . . . . 3 c.
Largeur d'encolure du dos. — (Limite.) . . . . 8 c.
Descente d'épaules. — (Normales.) . . . . 6 c.
Ligne de carrure en dessous la descente d'épaules . . . . 8 c.
Profondeur d'emmanchure en dessous la ligne de carrure . . . . 8 c.
Longueur de taille . . . . 40 c.
Largeur de carrure . . . . 20 c. 1/2
Diamètre d'emmanchure . . . . 15 c.
Point d'encolure. — (Redressement.) . . . . 9 c.
Grosseur de poitrine. — 60 + 2 . . . . 62 c.
Milieu du corps. — (En avant de l'encolure.) . . . . 9 c.

De ce point, passant au point 62, ligne droite se prolongeant vers le bas.

Petit côté. — Au milieu de l'emmanchure, ligne d'équerre descendant au niveau de la taille.

Pince entre le dos et le petit côté . . . . 4 c.
Epaulette du devant. — Réglée par celle du dos, 1/2 cent. plus courte.
Réglage de la ligne de ceinture. — Sur le devant, partant de la ligne de poitrine, point 5, même longueur que sur le dos, soit . . . . 18 c.
Grosseur de ceinture. — La mesure plus 2 cent., soit . . . . 52 c.
Vérification de la tenue. — Sur le dos 22 cent., sur le devant 4 cent. en plus, soit . . 26 c.
Point d'aplomb. — (Tenue normale.) Sur le dos 47 cent., sur le devant . . . . 47 c.

Corsage tenue normale, épaules très basses

Dos couture bretelle, pince du devant s'arrêtant à la poitrine

---

Mesure complémentaire de descente de poitrine, 36 centimètres

---

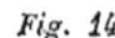

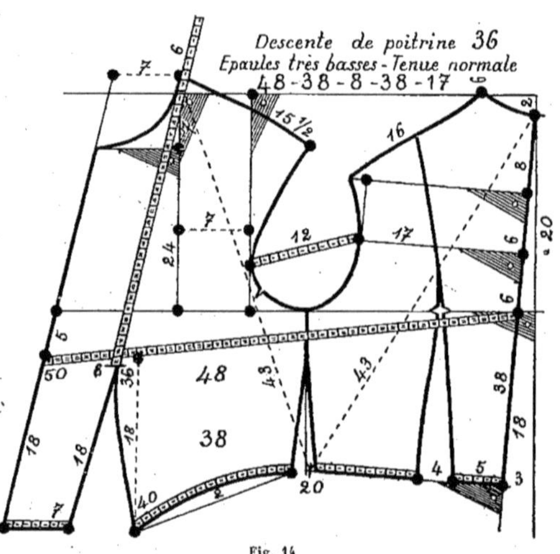

Fig. 14

La mesure de descente de poitrine se prend le centimètre à cheval sur le cou et venant trouver la partie forte de la poitrine.

Cette mesure s'inscrit par moitié.

Façon de l'appliquer. — Placer le centimètre sur la pointe de l'épaulette du devant à l'encolure en laissant dépasser dans le haut la valeur de l'encolure du dos, soit pour cette taille, 6 cent., et descendre parallèlement à la ligne du milieu du corps en appliquant la mesure, soit 36 cent.

Appliquer tous les autres points dans les principes déjà décrits.

Les épaules basses indiquent une personne ayant le cou allongé.

Bien remarquer, comment grâce à la mesure de descente d'épaules, mécaniquement la profondeur d'emmanchure a varié tout en conservant le même pourtour.

Corsage tenue normale, épaules très hautes

Dos couture se terminant à l'emmanchure
Pince du devant se terminant à la poitrine

Mesure complémentaire de descente de poitrine, 35 centimètres

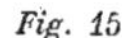

Fig. 15

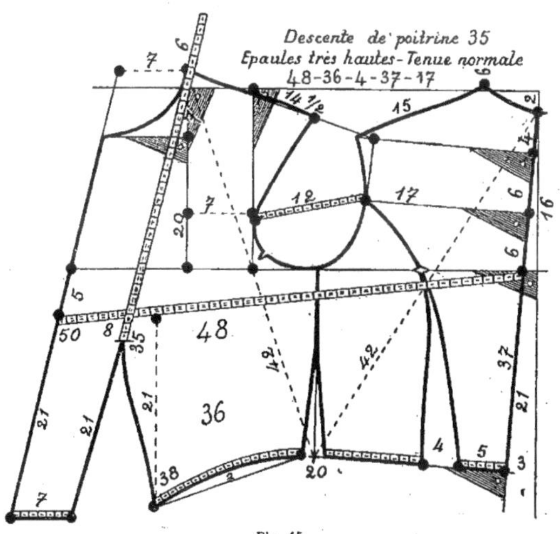

Fig. 15

La mesure de descente de poitrine s'applique comme il est décrit à la figure précédente.

Les épaules hautes indiquent une personne à cou court.

Pour l'application des autres points, étudiez attentivement le cliché et voyez les études précédentes.

Remarquer ici l'inverse de la précédente figure, l'emmanchure s'est établie plus haute tout en conservant sa même forme.

Corsage tenue voûtée de 2 centimètres

Épaules normales

Dos couture bretelles, pince du devant se terminant à la poitrine

---

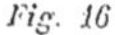

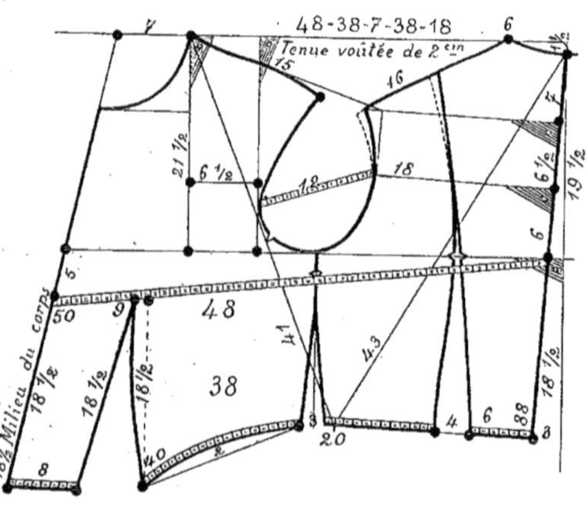

Fig. 16

Les mesures s'appliquent comme dans les études précédentes.

Observations. — Le petit côté dans le haut, forme une légère pince, comme l'indique le pointillé ; ceci afin de mieux emboîter la rotondité du dos.

Indication de la voûture. Point d'aplomb. — Sur le dos 43 cent., sur le devant 41 cent., soit 2 cent. plus court que pour normal.

Vérification de la tenue. — Sur le dos 19 c. 1/2, sur le devant 2 cent. en plus, soit 21 c. 1/2.

Le point d'aplomb, donnant 2 cent. plus court sur le devant et le point de vérification ne donnant que 2 cent. en plus au lieu de 4 cent., tenue normale, indiquent bien une tenue voûtée de 2 cent.

Le point de redressement doit avoir 1/2 cent. en moins que la tenue normale.

La descente de carrure 1/2 cent. en plus de la tenue normale.

Corsage tenue renversée de 2 centimètres

Épaules normales

Dos couture de montage se terminant à l'emmanchure
Pince du devant se terminant à la poitrine

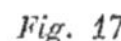

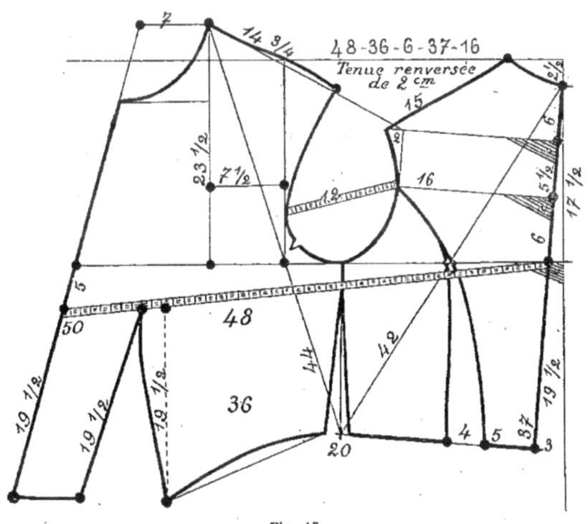

Fig. 17

Les mesures s'appliquent comme aux précédentes figures.

Remarquer. — La carrure est plus étroite qu'à la tenue normale, la descente de carrure a 1/2 cent. en moins, le point d'encolure 1/2 cent. en plus.

Point d'aplomb. — Sur le dos 42 cent., sur le devant 44 cent., donc 2 cent. plus long, ce qui indique une tenue renversée de 2 cent.

Vérification de la tenue. — Sur le dos 17 c. 1/2, sur le devant 23 c. 1/2, différence 6 cent., donc 2 cent. plus long sur le devant que la tenue normale; là encore indication de 2 cent. de renversement.

Un coup d'œil attentif sur le cliché permet facilement de se rendre compte des variations avec la tenue normale.

Corsage tenue voûtée de 2 centimètres

Épaules très hautes

Fig. 18

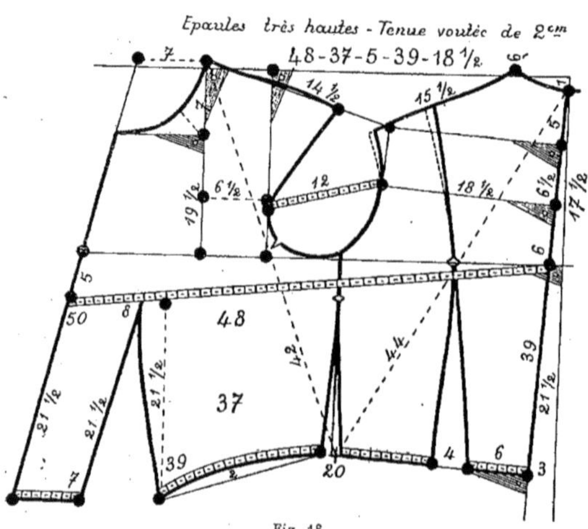

Fig. 18

Cette figure comporte deux études, celle des épaules et celle de la tenue.

Il suffit de se reporter aux deux études précédentes et d'étudier attentivement le cliché pour comprendre les variations faites. Cette conformation indique une personne à cou court et dos rond.

Corsage de tenue renversée de 2 centimètres

Épaules très hautes

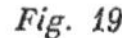

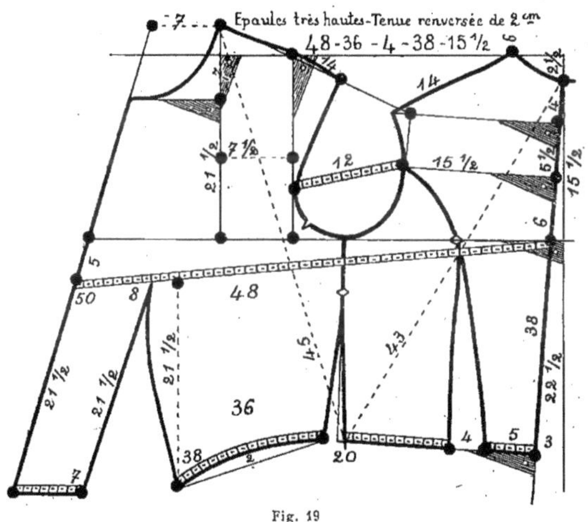

Fig. 19

Mêmes observations qu'à la figure précédente.

Ces deux clichés étant très explicites par eux-mêmes, nous ne croyons pas utile de répéter les études déjà décrites plusieurs fois.

Cette conformation indique une personne à cou court et dos plat. Poitrine forte.

Corsage de tenue voûtée de 2 centimètres

Épaules très basses

Fig. 20

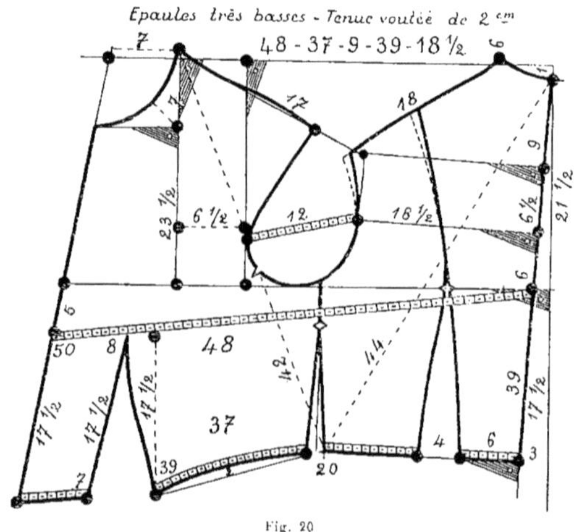

Fig. 20

Voyez attentivement le cliché, tous les chiffres étant des centimètres : il sera facile de les reproduire, en s'aidant au besoin des études précédentes.

Cette conformation indique une personne à dos rond et cou allongé.

Bien remarquer l'emboîtage du dos par la couture bretelle et le point de nuque creusé seulement de 1 cent.

Corsage de tenue renversée de 2 centimètres

Épaules très basses

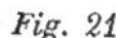

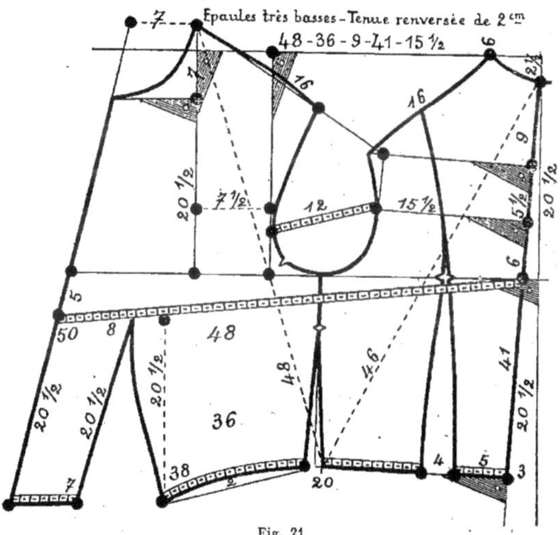

Fig. 21

Mêmes observations qu'à la figure précédente.

Cette conformation indique une personne à dos plat et cou très allongé avec poitrine proéminente.

Cette tenue de conformation avec épaules exagérément basses est assez rare heureusement, car elles sont assez difficiles à bien réussir, le vêtement ayant toujours une tendance à vouloir glisser des épaules, fait occasionné par leur pente.

Ce n'est que par une épaulette bien moulée et par une encolure bien arrondie, juste à la mesure du cou et le col bien adapté, que le vêtement reste en place.

ÉTUDE DE LA JAQUETTE

AVANT-PROPOS

Nous prions le lecteur, avant d'aller plus loin dans les études, de bien se pénétrer que la base de tous les vêtements est le corsage. Il ne saurait donc étudier trop à fond les premières études de ce volume, qui le guideront pour tous les vêtements qu'il aura à exécuter.

Il est nécessaire pour tracer une jaquette, quelle que soit sa forme, d'établir un gabarit de corsage; c'est-à-dire les épaulettes dos et devant, le point d'encolure et la ligne de milieu du corps.

Dans ce cadre, il ne restera qu'à façonner les lignes que l'on désire obtenir, comme les études qui vont suivre le démontreront.

Le dos à la taille se fait plus large que pour le corsage. Il peut se proportionner à la ceinture en employant le 1/4 de celle-ci, plus ou moins selon le genre.

Pour la largeur à donner au bassin, on emploie le même procédé, afin que chaque morceau qui forme le vêtement soit proportionné à la conformation du sujet à habiller.

Pour les largeurs du petit côté employer aussi le même procédé.

Il est bien entendu que les points indiqués varieront selon la mode ou le genre à obtenir. Ils ne sont indiqués qu'afin de guider l'élève pour qu'il puisse les augmenter ou les diminuer selon les besoins pour répondre au modèle choisi.

Bien faire attention, dans les variations, de ne pas perdre l'aplomb du vêtement, en le maintenant toujours dans le cadre du corsage tracé, base qui permet de former tous les genres de vêtements, le reste n'étant qu'une question de goût et de dessin. En un mot, faites toutes les variations que demande le genre du modèle choisi, mais arrangez-vous que vos morceaux rassemblés sur la table à leurs coches d'assemblage, la pointe d'encolure du devant et le point de nuque du dos, n'aient pas bougé d'un millimètre.

Dans le parcours de l'étude de la jaquette, l'élève trouvera maintes variations qui le guideront pour toutes celles qu'il aura à faire dans le cours de sa carrière.

Étude de la Jaquette classique

Dos et devant à coutures bretelles

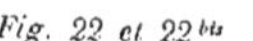

Mesures : 48, 36, 52, 6, 37, 75, 17

Fig. 22 et 22 bis

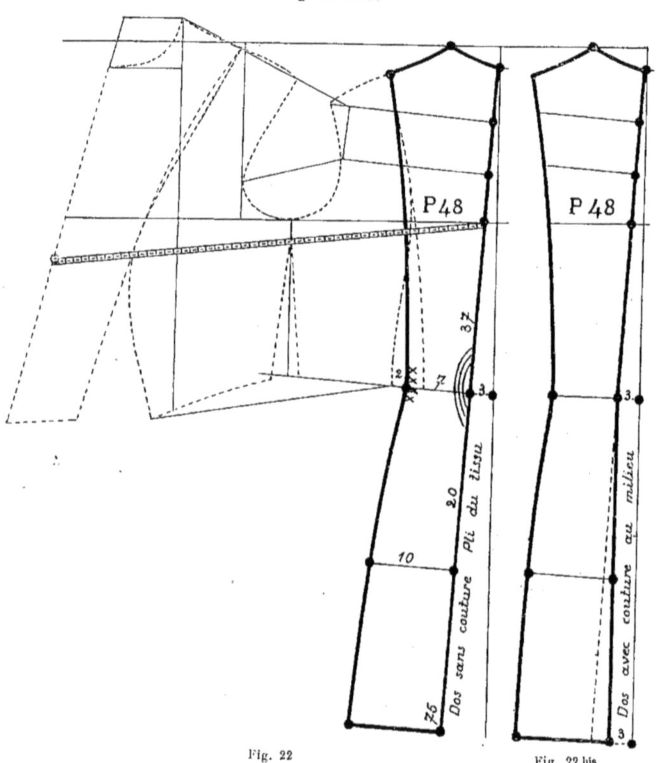

Fig. 22 Fig. 22 bis

Formation du dos

Milieu du dos. — Ligne droite partant du point de la nuque, passant au point de la taille et se prolongeant jusqu'à la longueur totale, soit 75 cent.

Largeur du dos à la ceinture. — (Moyenne, 7 cent.), soit l'équivalent de 1/4 de ceinture moins 2 cent.

Ligne de bassin. — En dessous de la taille, invariablement 20 cent.

Largeur du dos au bassin. — Pour cette taille, 10 cent., soit 3 cent. de plus qu'à la ceinture. Equivalent au 1/4 de bassin moins 3 cent.

Ligne de côté du dos. — (Partie du haut.) Du milieu de l'épaulette au point 7, courbe douce.

(Partie du bas). En avant du point 7, moitié de la pince entre le dos et le petit côté, soit 2 cent.

Appliquer la règle touchant les points 2 et 10, et du niveau du bassin à la longueur totale, tracer une ligne droite. Ensuite, de la taille au bassin, ligne légèrement bombée.

N.-B. — L'ampleur donnée au dos au niveau du bassin, peut être plus ou moins forte, selon que l'on désire une jaquette classique ou à godets.

Il est bon également de tenir compte de la force du bassin, car, à grosseurs égales de poitrine, le bassin peut être plus ou moins fort.

Du reste en se servant comme base du 1/4 de bassin, pour déterminer la largeur du dos, on est certain de la proportionner à la mesure.

Fig. 22 bis

La figure 22 *bis* démontre la façon de former le dos avec couture au milieu.

Depuis la taille, il n'y a qu'à tracer une ligne parallèle à celle du carré.

ÉTUDE DE LA JAQUETTE CLASSIQUE *(Suite.)*

Mesures : 48, 36, 52, 6, 37, 75, 17

Fig. 23

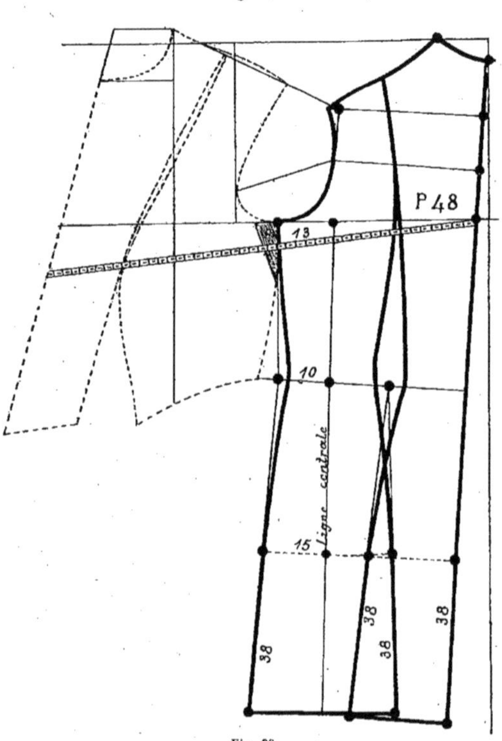

Fig. 23

Formation du petit côté

Pince entre le dos et le petit côté, au niveau de la ligne de taille, 4 cent.

Largeur du petit côté dans le haut. — Au milieu de l'emmanchure, ce qui donne 13 cent. pour cette taille.

A ce point, ligne d'équerre sur celle de profondeur d'emmanchure, descendant au niveau de la taille.

Largeur du petit côté à la ceinture. — Rentrer de la ligne perpendiculaire de 1 à 2 cent., selon que l'on désire un genre plus ou moins ajusté.

On peut également obtenir sa largeur en employant le 1/4 de ceinture, juste ou plus 1 et 2 cent., selon le genre.

Ligne centrale. — Partager le haut et la ceinture du petit côté, en deux parties égales. Puis tracer une ligne droite dans toute la hauteur du petit côté.

Cette ligne indique en même temps le droit fil de l'étoffe dans la pose sur le tissu.

Largeur du petit côté au bassin. — En moyenne, 2 cent. de plus qu'au niveau de la poitrine, ce qui donne pour cette taille 15 cent. Cela représente 1/4 de bassin plus 2 cent. que l'on place par parties égales de chaque côté de la ligne centrale.

N.-B. — Il est bien entendu que les points de largeur que nous venons d'indiquer pour le bassin, doivent s'augmenter, si l'on désire des godets.

Façonnage de la ligne arrière. — De l'épaulette jusqu'au point 4, même principe qu'au corsage.

Dans le bas. — Du milieu de la pince, touchant le point du bassin, ligne droite jusqu'à la longueur totale.

Entre la taille et le bassin, arrondir légèrement la ligne comme l'indique le cliché.

Façonnage de la ligne avant. — De la profondeur d'emmanchure au niveau de la taille, ligne légèrement bombée.

Dans le bas. — Ligne droite, partant du point de jonction de la ligne perpendiculaire et de la ligne de taille en passant au point du bassin; prolonger cette ligne jusqu'à la longueur totale.

Façonner ensuite cette ligne par une courbe douce qui part de la ligne de taille point de ceinture et se termine au bassin.

Réglage des longueurs. — Mesurer le côté du dos depuis la ligne de taille jusqu'au bas, nous obtenons 38 cent. Reporter cette mesure sur le petit côté à la partie avant et arrière, puis réunir les deux points par une courbe douce.

ÉTUDE DE LA JAQUETTE CLASSIQUE *(Suite.)*

Dos et devant à coutures bretelles

Mesures : 48, 36, 52, 6, 37, 75, 17

Fig. 24

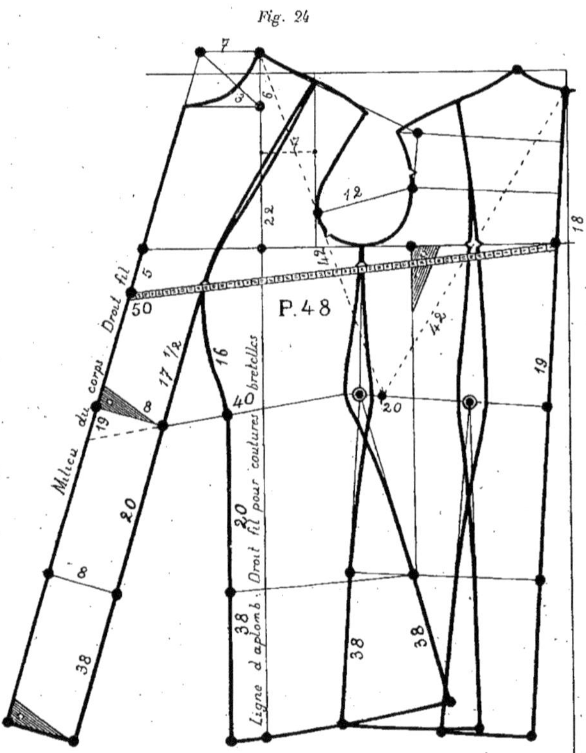

Fig. 24

Diamètre d'emmanchure. — 1/4 de poitrine, soit 12 cent.

Point d'encolure. — En avant du diamètre d'emmanchure, 1/6 de poitrine moins 1 cent., soit 7 cent. A ce point, ligne d'équerre sur celle du carré et se prolongeant jusqu'au bas du vêtement.

Réglage de la tenue et placement du point d'aplomb. — Sur la ligne de taille, partant du milieu du dos, placer 1/3 de poitrine plus 4 cent., soit 20 cent.

Pivotement du point d'aplomb. — De la nuque au point 20, nous trouvons 42 cent. Reporter cette mesure du point 20 au point 7 pour obtenir la pointe d'épaulette à l'encolure.

Ligne d'épaulette. — De la pointe de l'encolure du devant au point de hauteur d'épaules du dos, ligne droite.

Réglage de la largeur d'épaulette. — Mesurer celle du dos et donner à celle du devant 1/2 cent. en moins pour l'embu.

Façonnage de l'emmanchure. — Mêmes principes que pour les corsages.

Grosseur de poitrine. — La mesure plus 2 cent., soit 50 cent. Cette mesure s'applique dans le même principe qu'au corsage.

Ligne de milieu du corps. — Au niveau de la pointe d'épaulette à l'encolure, avancer de 1/6 de poitrine moins 1 cent., soit 7 cent.

De ce point passant au point 50, ligne droite se prolongeant jusqu'à la longueur totale du vêtement.

Façonnage de l'encolure. — Comme pour les corsages.

Panneau du devant. — Largeur facultative et variant selon la mode; en moyenne, 1/6 de poitrine, soit 8 cent.

Application de la grosseur de ceinture. — La mesure plus 4 cent. pour l'aisance, soit 36 + 4 = 40 cent., ce qui déterminera la force de la pince.

Du point 40, tracer une ligne droite vers le bas et parallèle à la ligne d'aplomb.

Application de la mesure de bassin. — Invariablement à 20 cent. en dessous de la ligne de taille, appliquer la mesure de bassin plus 4 cent. pour le développement, soit 52 + 4 = 56 cent.

Réglage de la pince. — De la ligne de poitrine au niveau de la taille, mesurer le côté arrière de la pince, nous obtenons 16 cent., reporter cette mesure sur le côté avant, augmenté de 1 c. 1/2 pour répondre au tendage qui se fera au creux du côté arrière, ce qui donne 17 c. 1/2. A ce point, ligne d'équerre sur celle du milieu du corps.

Réglage des longueurs. — Mesurer le petit côté, de la taille au bas du vêtement; nous trouvons 38 cent. Reporter cette mesure sur le côté du devant ainsi que sur les deux côtés de la pince.

N.-B. — Ce genre est classique, sans godets. La pince du devant peut s'arrêter à la poitrine.

ÉTUDE DE LA JAQUETTE *(Suite.)*

Fig. 25

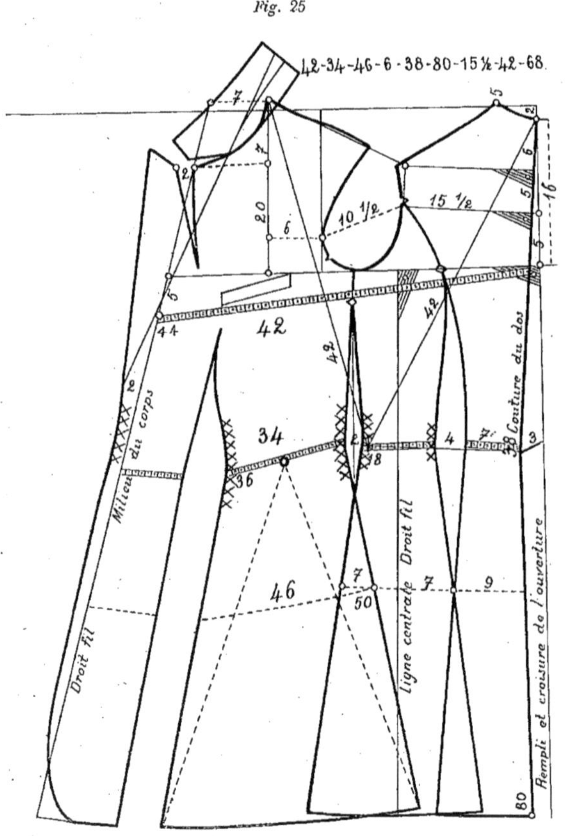

Fig. 25

Cette jaquette est demi-cintrée, avec de légers godets au bassin.

Couture au milieu du dos avec ou sans cran.

Croisure de 2 cent. seulement, pour bouton jumelle. Les croix à la taille sur les coutures indiquent les endroits à tendre légèrement.

ÉTUDE DE LA JAQUETTE *(Suite.)*

Mesures : 46, 36, 48, 6, 36, 78, 16

Fig. 26

Joli genre classique à croisure normale 3 à 4 cent. Revers allongés jusqu'à la taille. Ceinture pas trop ajustée avec un peu d'ampleur au bassin. Dos sans couture au milieu, la couture de montage se termine à l'emmanchure. La pince du devant se termine à la poitrine. Sur les figures 25 et 26 est représentée la coupe à l'encolure du col tailleur. Prolongement de la cassure du revers. Placer la largeur de l'encolure du dos. Inclinerlaligne de cassure du col de 1 cent. à la nuque et tracer le pied et le tombant à la largeur désirée, soit 2 ou 3 de pied et 4 ou 5 de tombant.

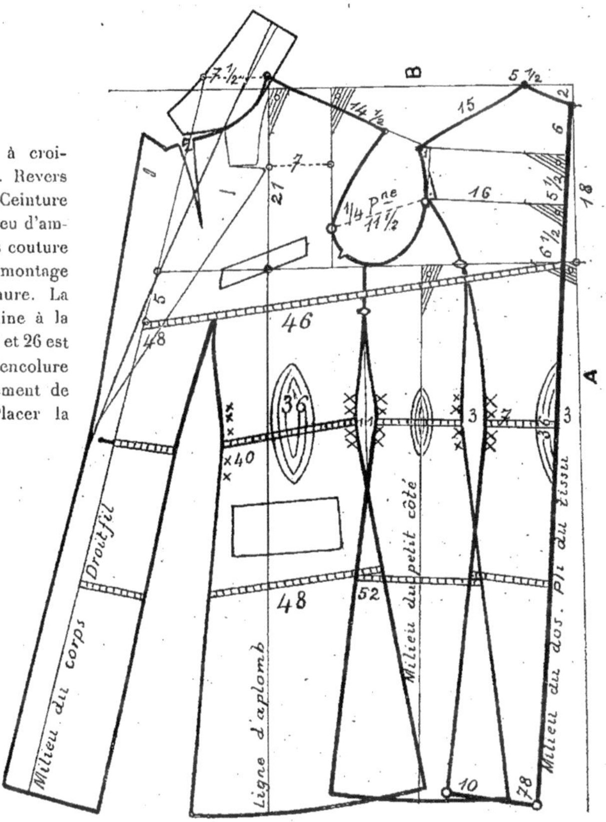

Fig. 26

ÉTUDE DE LA JAQUETTE *(Suite.)*

Grosseur de poitrine, 52 centimètres

Fig 27

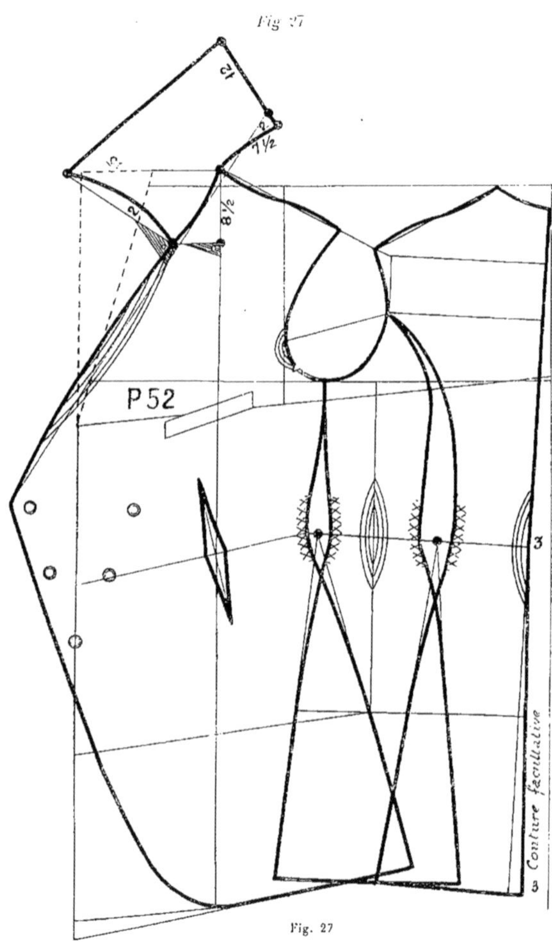

Fig. 27

Genre très fantaisie; le milieu du dos peut se faire avec ou sans couture : celui sans couture se cambrera au fer. Le devant est avec encolure forme gilet. La partie du haut est garnie d'un col qui peut s'étaler sur les épaules ou lui donner une forme roulante en le pliant par le milieu.

Le boutonnement est croisé du haut et droit du bas (dite forme en cœur).

L'évasement assez prononcé se termine par un arrondi.

La pince du devant est facultative, les coutures de montage cambrées à la taille. Légers godets sur les hanches.

Le col. — Dans la direction de l'encolure, au-dessus de la pointe d'épaulette, largeur du dos plus 1 cent.; à ce point, baisser de 2 cent. pour former le pied de col, par une courbe douce qui rattrape l'encolure.

Milieu du col. — Au point 7 1/2, ligne d'équerre sur le pied.

Longueur sur le devant. — Depuis la pointe d'épaulette, descendre de 1/6 de poitrine, soit 8 c. 1/2. A ce point, ligne d'équerre sur l'encolure et cintrée de 2 cent. au milieu de sa largeur.

Largeur du col. — Facultative (moyenne) 12 cent. derrière et devant 15 cent., soit 3 cent. en plus.

ÉTUDE DE LA JAQUETTE *(Suite.)*

Genre Veston avec petit côté

Mesures : 44, 34, 48, 6, 35, 72, 16

Fig. 28

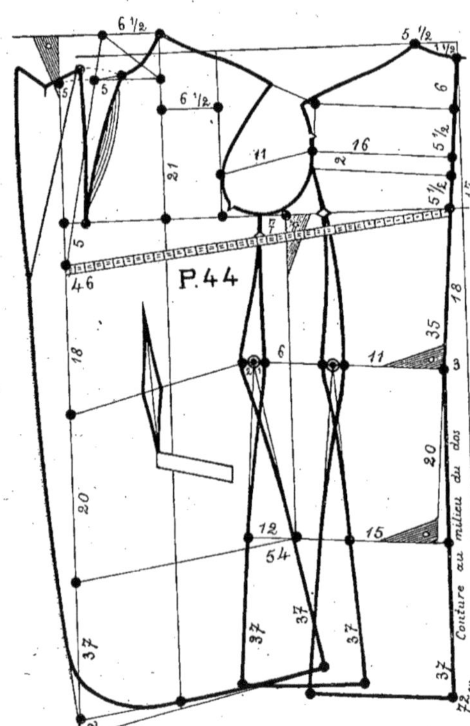

Fig. 28.

Cette jaquette, qui est d'un très grand cachet pour les personnes élancées, s'établit comme les précédentes, sauf le dos qui se fait un peu plus large dans toute sa hauteur.

La seconde ligne de descente de carrure se place de 2 à 5 cent. en dessous de la première ou, ce qui est préférable, au milieu de la descente de carrure et de la profondeur d'emmanchure.

La largeur du dos à la taille correspond environ à 1/4 de ceinture plus 3 cent.

La largeur au bassin correspond également à environ 1/4 de bassin plus 3 cent.

Le milieu du devant se trace d'équerre sur la ligne du carré, ce qui détermine la valeur de la pince d'encolure, laquelle se place en arrière de la cassure, comme l'indique le cliché.

Le milieu du dos peut se faire avec ou sans couture. La pince du milieu du devant est facultative.

La grosseur de ceinture ne s'applique pas, la taille étant plus ou moins flottante.

La mesure de bassin s'applique plus 6 cent., soit 48 + 6 = 54 cent.

Le petit côté se fait au milieu de l'emmanchure.

ÉTUDE DE LA JAQUETTE *(Suite.)*

Genre Veston avec pince sous le bras

Mesures : 50, 37, 54, 6, 38, 76, 47 1/2

Fig. 29

Ce genre s'établit comme le précédent, sauf qu'il est sans petit côté, avec pince sous le bras seulement.

Pour le diamètre d'emmanchure, tenir compte de la valeur de la pince, laquelle se place vers le milieu de l'emmanchure.

Croisure au niveau de la poitrine, 8 cent. ; à la taille, 6 cent. ; dans le bas, 9 cent.

La croisure est variable, selon le goût ou la mode.

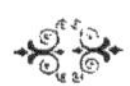

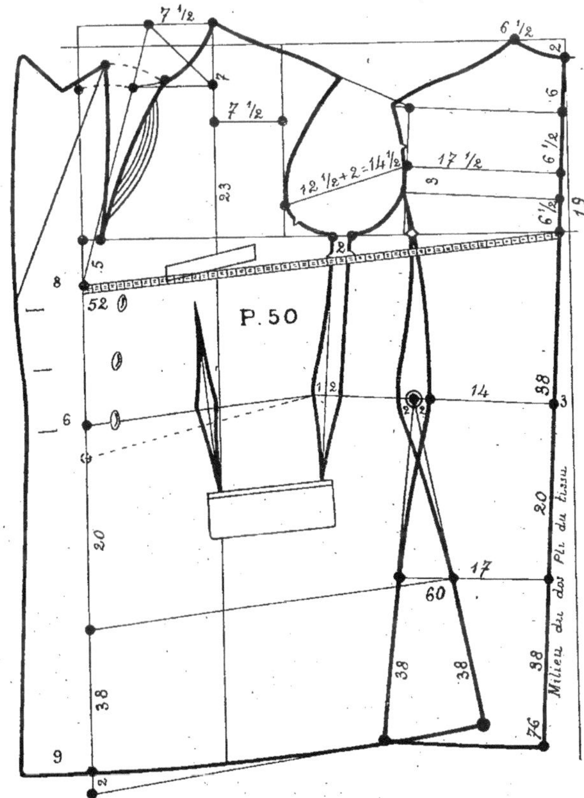

Fig. 29

ÉTUDE DE LA JAQUETTE *(Suite.)*

Genre Veston sport

Mesures : 42, 33, 46, 6, 34, 70, 15

Fig. 30

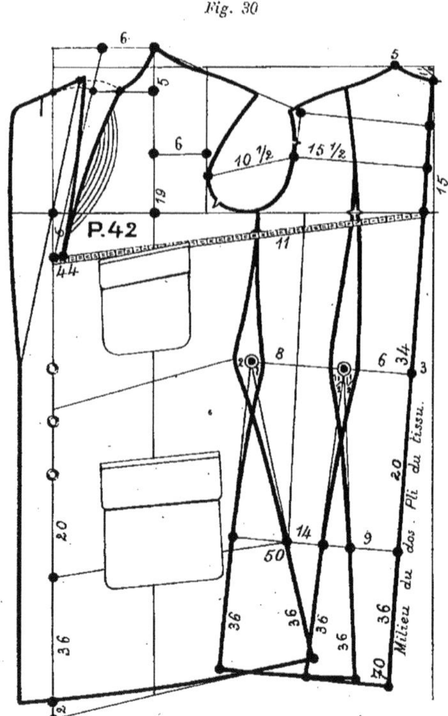

Fig. 30

S'établit comme la figure 28, sauf que le dos est à coutures bretelles.

Les poches peuvent se supprimer et le devant peut s'arrondir du bas, ce qui lui donnera le genre habillé.

ÉTUDE DE LA JAQUETTE *(Suite.)*

Genre Smoking avec pince dans l'épaule

Mesures : 48, 36, 52, 6, 37, 75, 17

Fig. 31

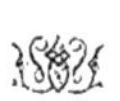

S'établit comme les précédentes.

Pince dans l'épaule. — Du milieu du corps, rentrer de 1/6 de poitrine moins 1 cent., en se tenant sur le niveau de la pointe d'épaulette.

De ce point, demi-largeur d'épaulette, l'autre moitié part de la pointe d'épaulette à l'emmanchure, ce qui détermine la valeur de la pince.

Direction de la pince. — La pointe de la pince doit se diriger vers le milieu de la poitrine et s'arrêter au niveau de la ligne de poitrine.

Réglage. — La pointe de la pince sert de pivot, le côté avant se règle par le côté arrière.

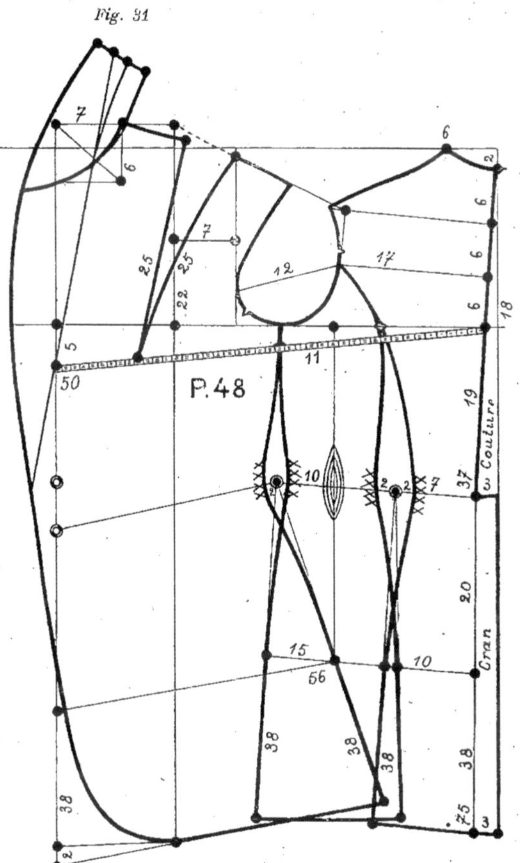

Fig. 31

ÉTUDE DE LA JAQUETTE *(Suite.)*

Genre ample du dos et ajusté du devant

Mesures : 48, 36, 52, 6, 37, 75, 17

Fig. 32

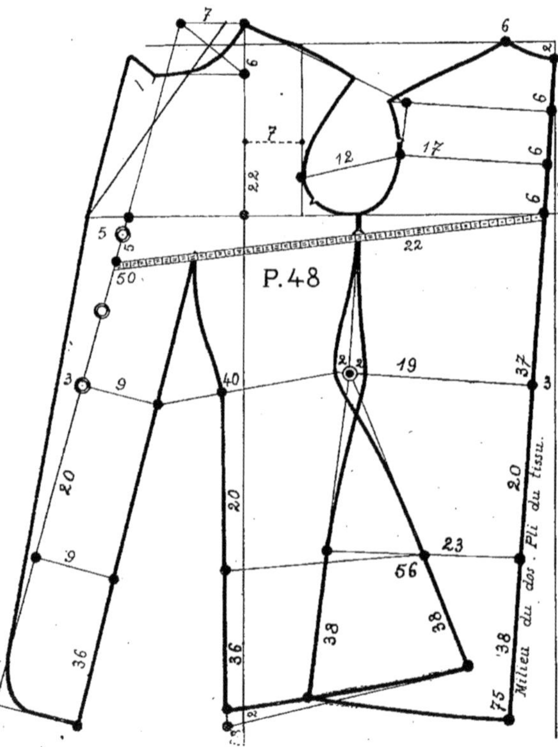

Fig. 32

S'établit toujours par les mêmes principes.

Le dos est large d'une seule pièce, il peut se faire avec couture au milieu.

La couture du dessous de bras est placée vers le milieu de l'emmanchure, ce qui donne au dos une largeur de la demi-poitrine moins 2 cent., soit 22 cent.

A la taille, donner 3 cent. de moins, soit 19 cent., et au bassin, 1 cent. de plus, soit 23 cent.

Les mesures de ceinture et de bassin s'augmentent de 6 cent.

Le boutonnement est facultatif.

Pour les tailles fortes et les longs revers, faire une pince dans l'encolure.

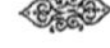

ÉTUDE DE LA JAQUETTE *(Suite.)*

Genre ample deux pièces. Col droit

Mesures : 40, 32, 44, 6, 33, 65, 15

Fig. 33

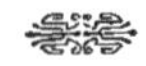

Établir le dos, l'emmanchure et le côté du devant d'après les principes généraux.

Pour ce genre à col droit, il faut une encolure plus redressée; par conséquent, pour obtenir la pointe d'encolure, nous appliquerons le 1/6 juste de poitrine, soit 6 c. 1/2; de même pour la ligne de milieu du corps, avancer de la pointe d'encolure de 1/6 juste de poitrine. De ce point passant au point 42, ligne droite dans toute la longueur du vêtement.

Dans le haut, rentrer de 2 cent. afin de donner un léger rond de la poitrine au cou.

Croisure de 2 cent., boutonnement apparent ou à sous-patte.

Col droit ou aiglon.

La ceinture ne s'applique pas.

La grosseur de bassin plus 6 cent., soit 50 cent.

Le milieu du dos peut se faire avec couture.

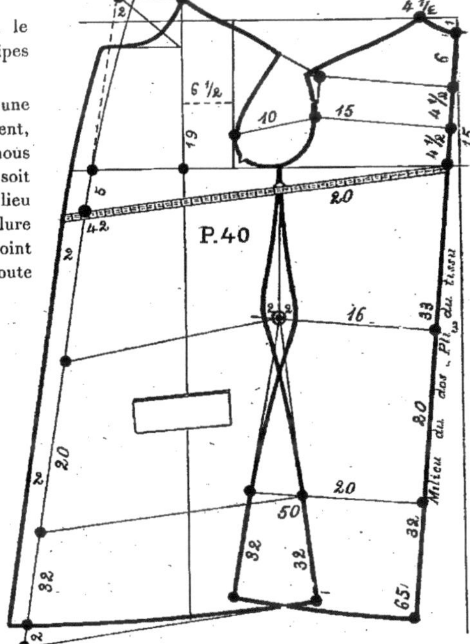

Fig. 33

ÉTUDE DE LA JAQUETTE *(Suite.)*

Genre sac deux pièces

Mesures : 46, 36, 50, 6, 36, 65, 17

Fig. 34

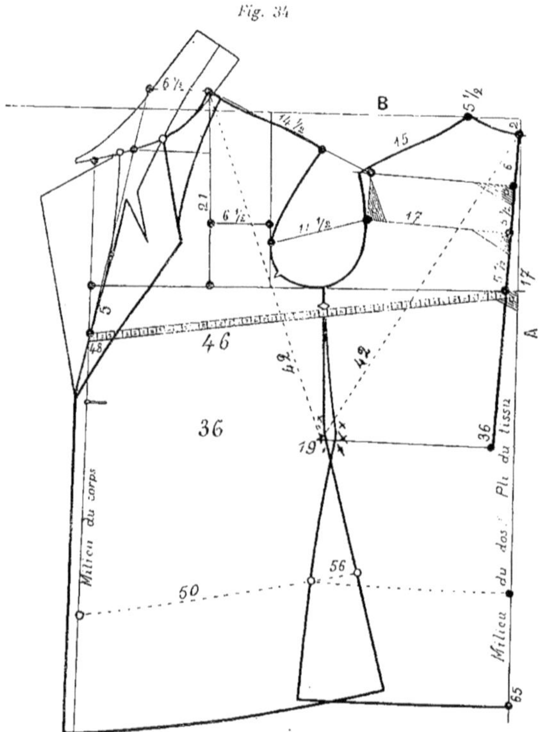

Fig. 34

Ce genre est très vague ; il s'établit dans les mêmes principes que les précédents.
La pince de poitrine est dissimulée sous le revers.
La mesure de ceinture ne s'applique pas.
La grosseur de bassin s'augmente de 6 cent.
Le boutonnement est jumelé, mais on peut le faire croisé à volonté.

ÉTUDE DE LA JAQUETTE *(Suite.)*

Genre sac deux pièces

Mesures : 50, 37, 52, 17 1/2, 6, 39, 65

Fig. 35

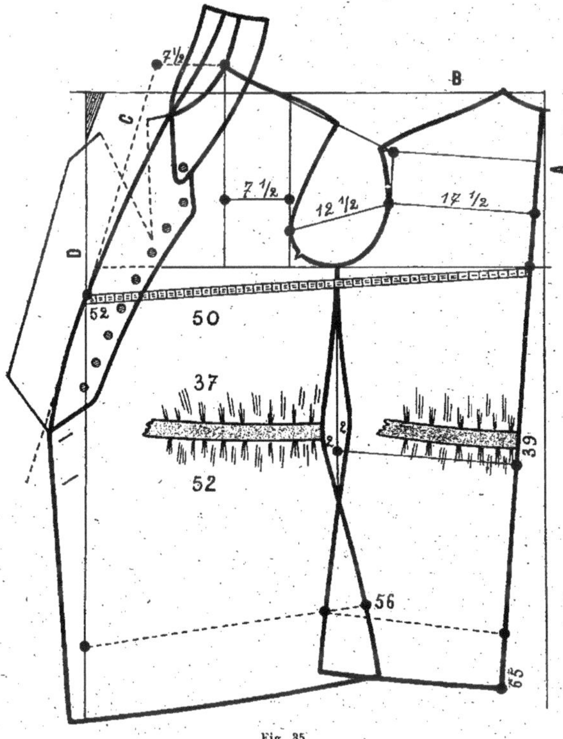

Fig. 35

Ce genre s'établit dans les principes ordinaires.
Il est resserré à la taille par une ceinture extérieure ou un élastique intérieur.
La pince est placée sous le revers qui forme un genre châle fantaisie.

ÉTUDE DE LA JAQUETTE *(Suite.)*

Belle Jaquette longue avec large col châle, froncée au côté du devant à la taille

Mesures : 44, 34, 50, 7, 39, 84, 16 1/2

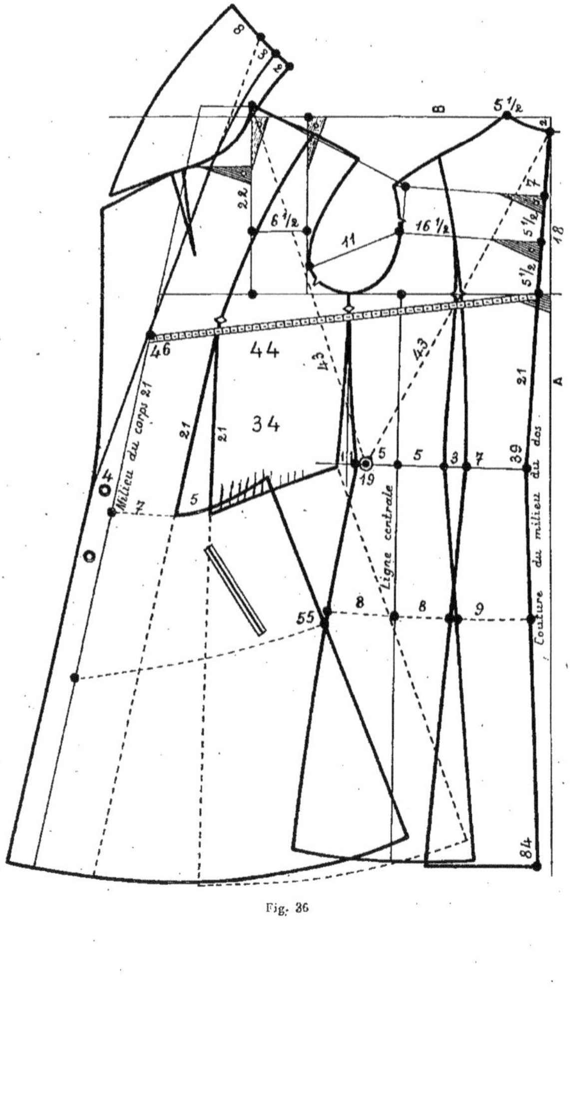

Fig. 36

Cet élégant modèle s'obtient avec facilité par le corsage.

La suppression de la couture de pince dans le bas du devant s'obtient par l'accotement de la partie du côté du devant au premier panneau.

Les fronces sont trouvées par la diminution de la pince du devant et du côté.

Des godets au côté seront facilement obtenus en remontant le côté dans le haut de la partie rapportée et en appliquant la mesure du bassin augmentée de 5 à 6 cent.

Bien voir à ce modèle comment s'obtient le col châle à l'encolure.

Le tombant ayant une largeur de 8 cent., nous donnons 3 cent. d'abaissement à la nuque pour obtenir la ligne de cassure du col.

La ligne du milieu du col se tirant d'équerre sur la ligne de cassure, le tombant obtient ainsi le développement nécessaire à sa largeur.

Pour ces genres de grands cols roulants, tout le vêtement se fait sans toile aucune ni au devant ni au col.

ÉTUDE DE LA JAQUETTE *(Suite.)*

Manche classique avec ouverture ornée de trois boutons

Mesures : 44, 34, 50, 7, 39, 84, 16 1/2, 46, 73

Fig. 36 bis

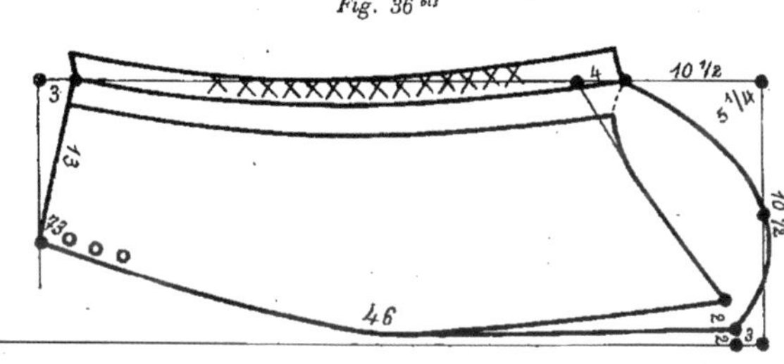

Fig. 36 bis

La figure ci-dessus donne le tracé méthodique de la manche de jaquette pour la figure 36. Établir un rectangle de 21 centimètres pour cette taille.

Fixer le talon en descendant de 3 centimètres et en rentrant de 2 ; puis, de ce point, appliquer la longueur de la manche au coude en plaçant la largeur de carrure 16 1/2 sur le point du talon et appliquer 46 longueur au coude, et 73 longueur totale.

La descente du point de saignée est égale à la moitié du rectangle, soit 10 1/2.

Terminer le tracé à l'aide des points donnés par le cliché.

ÉTUDE DE LA JAQUETTE *(Suite.)*

Grosseur de poitrine : 42

Fig. 37 et 37 bis

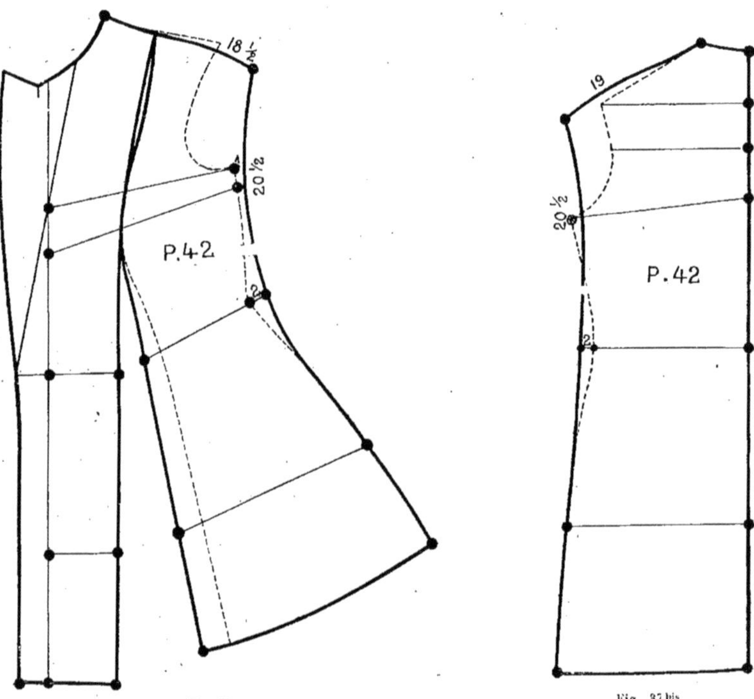

Fig. 37　　　Fig. 37 bis

Ce genre est à épaules tombantes et sans emmanchure.

Il se coupe à l'aide du modèle classique en faisant les modifications indiquées par le cliché.

ÉTUDE DE LA JAQUETTE *(Suite.)*

Manche d'une seule pièce pour épaules tombantes

Fig. 38

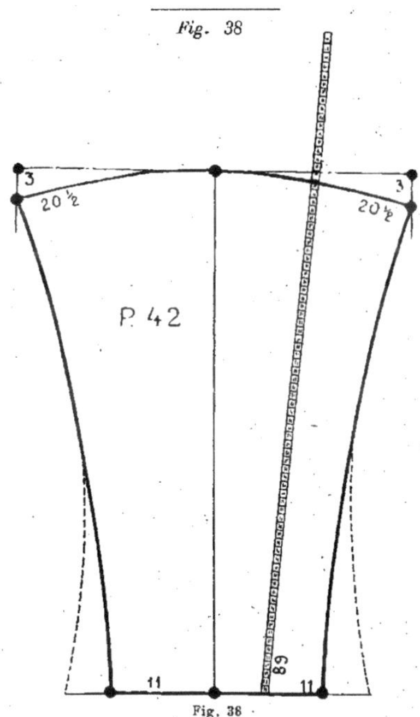

Fig. 38

Formation de la manche

Ce genre de manche est avec une seule couture sous le bras qui correspond à celle du côté de la jaquette.

Tracer une ligne verticale, puis une ligne d'équerre transversale.

Dans le haut, porter chaque coté de la ligne centrale une valeur égale au point de profondeur d'emmanchure marqué sur le dos et sur le devant, soit 20 c. 1/2 depuis le bout de l'épaule.

Arrondi. — A chaque point 20 1/2 baisser de 3 cent.

Longueur. — Se place comme à une manche ordinaire en défalquant la demi-largeur du dos à la carrure. Le dos étant plus large, la manche est plus courte, ce que l'on a donné en plus à la carrure du dos est en moins à la manche, soit 68 pour cette figure.

Largeur du bas. — Facultative selon le genre. Le pointillé indique une manche pagode.

ÉTUDE DE LA JAQUETTE *(Suite.)*

Grosseur de poitrine : 48

Fig. 39 et 39 bis

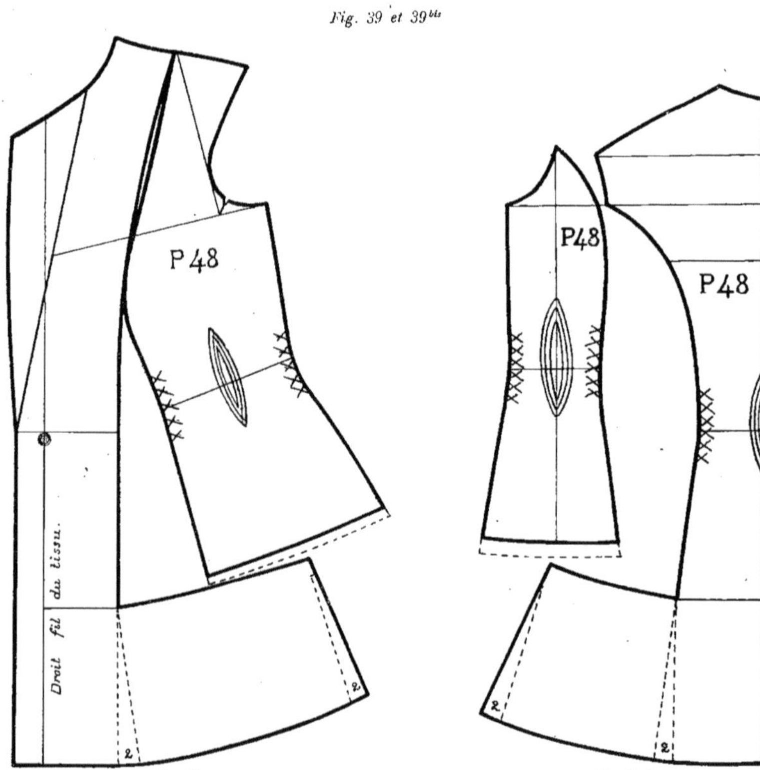

Fig. 39

Fig. 39 bis

Genre découpé au niveau du bassin ; se trace à l'aide d'un modèle classique en laissant attenant le bas du petit côté au dos et le bas du devant attenant au panneau du devant.

Il faut les laisser s'écarter du bas afin qu'ils forment godets. (Voir le pointillé de l'assemblage.)

La pince du devant peut s'arrêter à la poitrine ou former bretelle. De même pour le dos, il peut aussi former bretelle.

ÉTUDE DE LA JAQUETTE *(Suite.)*

Grosseur de poitrine : 48

Fig. 40, 40 bis et 40 ter,

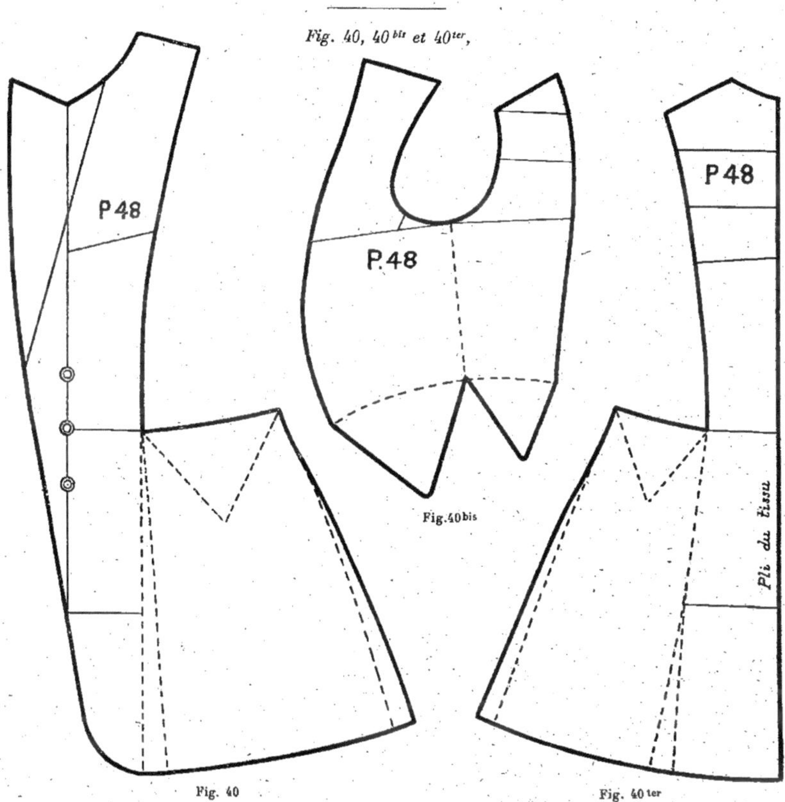

Fig. 40 Fig. 40bis Fig. 40 ter

Ce genre démontre un autre découpage ; il s'obtient à l'aide du modèle ordinaire.

La largeur du bassin est augmentée afin de former des godets.

Le devant et le petit côté sont réunis sous le bras et ne forment qu'un seul morceau.

Le bas du petit côté est attenant au dos et le bas du devant est attenant au premier panneau du devant.

Faire de préférence l'assemblage des pointes en relief avec une piqûre au large comme ornement.

ÉTUDE DE LA JAQUETTE *(Suite.)*

Grosseur de poitrine : 42

Fig. 41, 41 bis, 41 ter

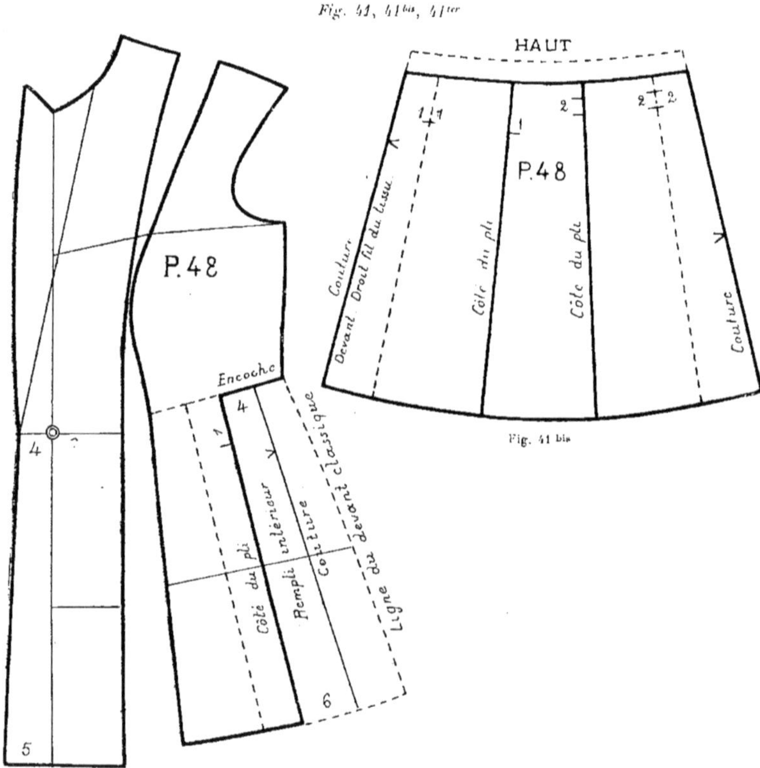

Fig. 41 bis

Fig. 41

Ce joli modèle agrémenté d'un panneau plissé rapporté sur la hanche se coupe à l'aide d'un modèle classique en rapportant le bas du panneau du devant et en formant un groupe de plis.

ÉTUDE DE LA JAQUETTE *(Suite.)*

Grosseur de poitrine : 42

Fig. 41 ter

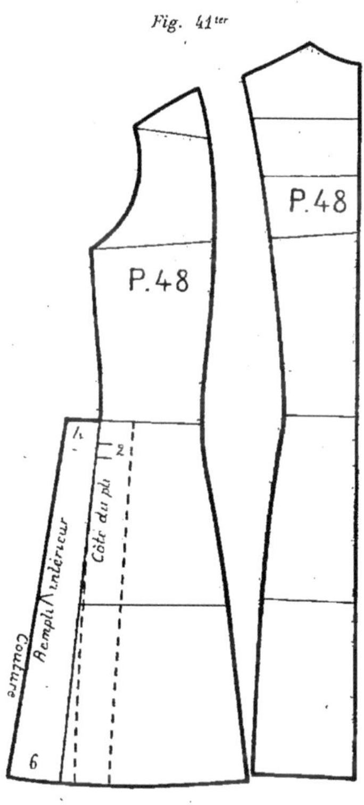

Fig. 41 ter

Pour cacher la découpure de l'entaille, agrémenter ce modèle d'une ceinture qui part du petit côté à la couture bretelle du devant.

Les traits pleins indiquent le côté extérieur du pli et le pointillé le côté intérieur.

ÉTUDE DE LA JAQUETTE *(Suite.)*

Genre avec jupe rapportée

Mesures : 48, 36, 50, 6, 37, 80, 17

Fig. 42

Ce genre s'établit comme la jaquette ordinaire sauf que le devant et le petit côté s'arrêtent à la taille.

La pince du devant peut être bretelle ou s'arrêter à la poitrine.

Le dos se fait généralement avec couture de montage se terminant à l'emmanchure, mais on peut le faire aussi à couture bretelle.

Le milieu du dos peut être avec ou sans couture.

La couture du milieu du dos peut former cran à la taille, genre de la jaquette homme.

La croisure du devant est facultative; elle peut être plus ou moins forte et plus ou moins évasée; la jupe devra suivre l'inclinaison de l'évasement.

La description des basques suit aux pages suivantes.

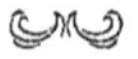

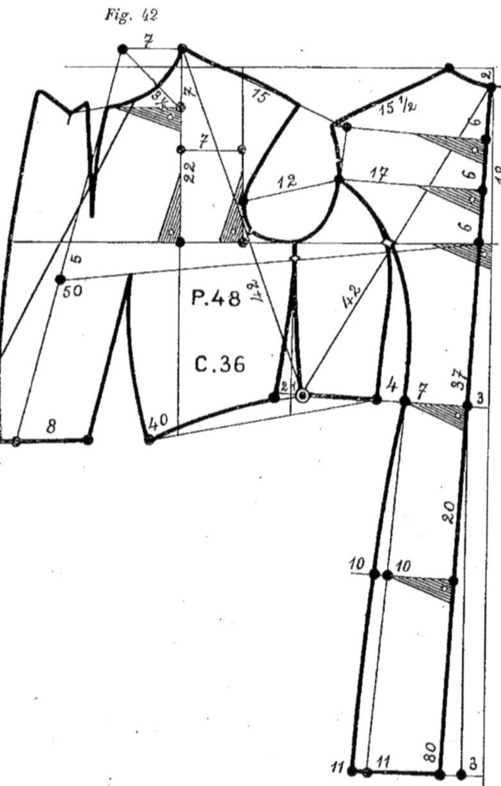

Fig. 42

ÉTUDE DE LA JAQUETTE *(Suite.)*

Fig. 42 bis

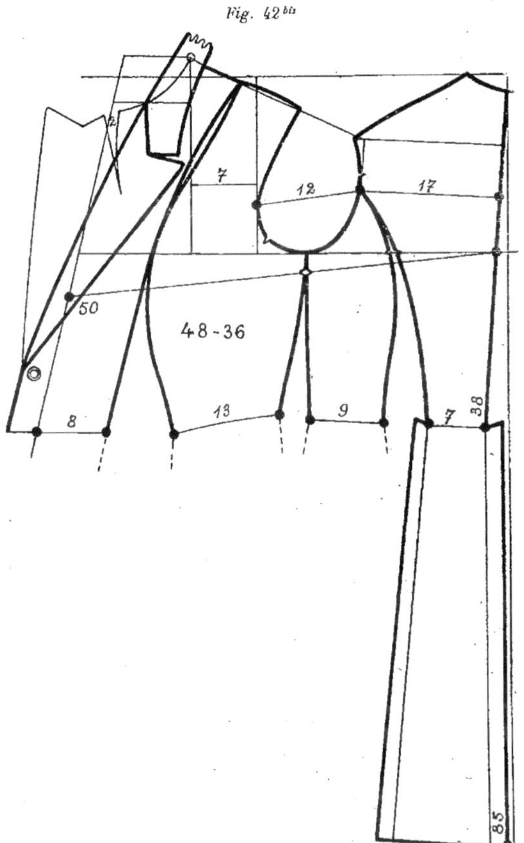

Fig. 42 bis

Même genre que le précédent.

Il montre au bas du dos le tissu à laisser pour le cran du milieu du dos et le relarge pour le montage du pli de la basque.

Au devant, une pince à couture bretelle et le façonnage d'un joli revers genre redingote.

ÉTUDE DE LA JAQUETTE *(Suite.)*

Jupe classique (s'appelle aussi basque)

Mesures : 48, 36, 52, 6, 37, 80, 17

Fig. 43

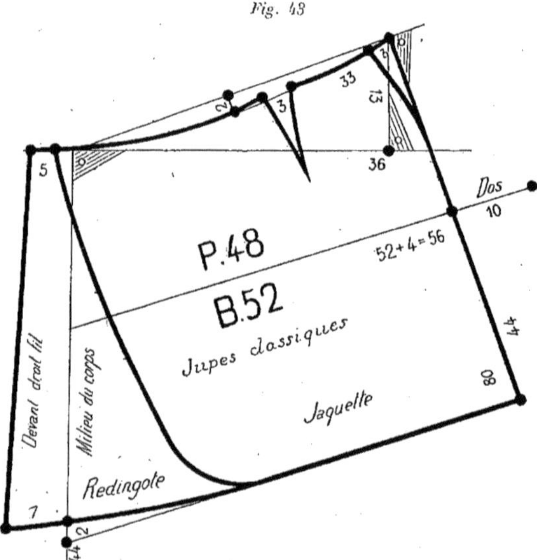

Fig. 43

Tracer une ligne droite qui représente le milieu du corps, sur cette ligne trait d'équerre d'une longueur égale à la grosseur de ceinture, soit 36 cent.

A ce point, ligne d'équerre verticale et remonter de 1/4 du bassin, soit 13 cent.

Du point 13 à l'angle du devant, ligne droite cintrée de 2 cent. au milieu.

Ligne du pli. — Du point 13, ligne d'équerre sur celle de taille et se prolongeant vers le bas jusqu'à la longueur totale.

Réglage de la ceinture. — Depuis le milieu du corps, appliquer la mesure fournie par le devant et former le premier côté de la pince. Ce qui reste doit être réduit à la largeur du petit côté en partageant la différence par moitié, soit 3 cent. de pince et 3 cent. d'abattement de pli.

Application de la longueur. — Sur le point 13, laisser dépasser la longueur de taille, 37 cent. Appliquer la longueur totale, 80 cent.

Reporter cette même mesure sur le devant. Tracer une ligne droite et remonter sur le milieu du devant de 2 cent.

Croisure. — Du milieu du corps dans le haut 5 cent., dans le bas 7 cent. pour le genre redingote. Pour le genre jaquette, même croisure que la jaquette et évaser plus ou moins.

Fig. 43 bis

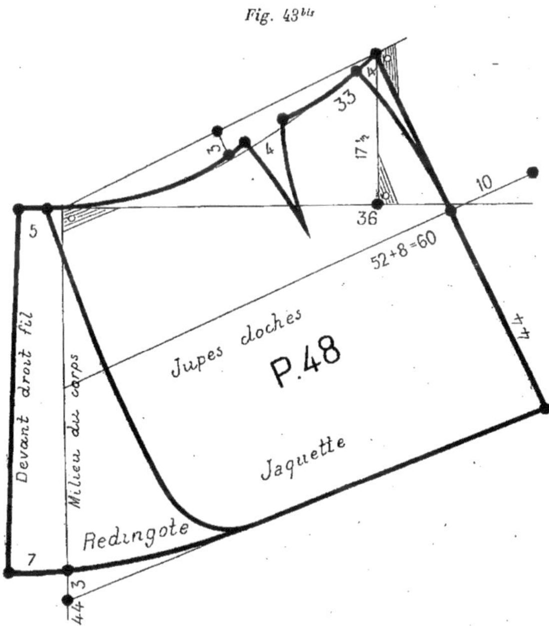

Fig. 43 bis

Basque ou Jupe-cloche

Ce tracé se fait comme la précédente, sauf pour remonter la ligne de taille.

Employer le 1/3 du bassin, soit 17 cent., au lieu du 1/4.

Pour arrondir le bas, remonter de 3 cent. Bien voir le cliché.

ÉTUDE DE LA JAQUETTE *(Suite.)*

Grosseur de poitrine : 48

Fig. 44

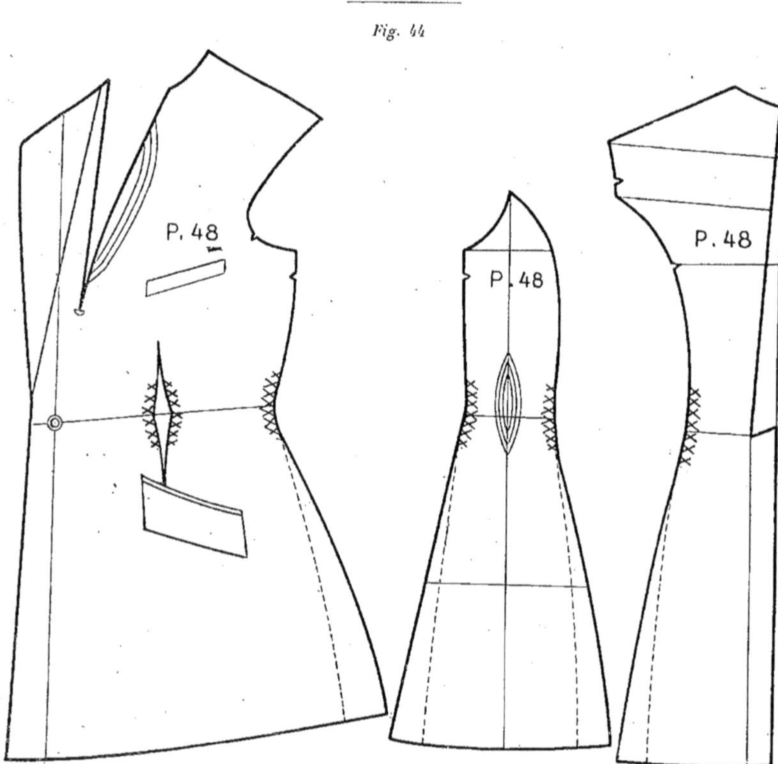

Fig. 44

Ce modèle démontre comment on obtient des godets lorsque l'on en désire. Voir les élargissements donnés au côté du dos, dans le bas de chaque côté, au petit côté et au côté du devant.

Le devant est d'une seule pièce avec pince de poitrine dans l'encolure placée à l'arrière de la cassure, ce qui laisse un revers très net.

La pince de cintrage à la taille est facultative.

ÉTUDE DE LA JAQUETTE *(Suite.)*

Fig. 45 et 45 bis

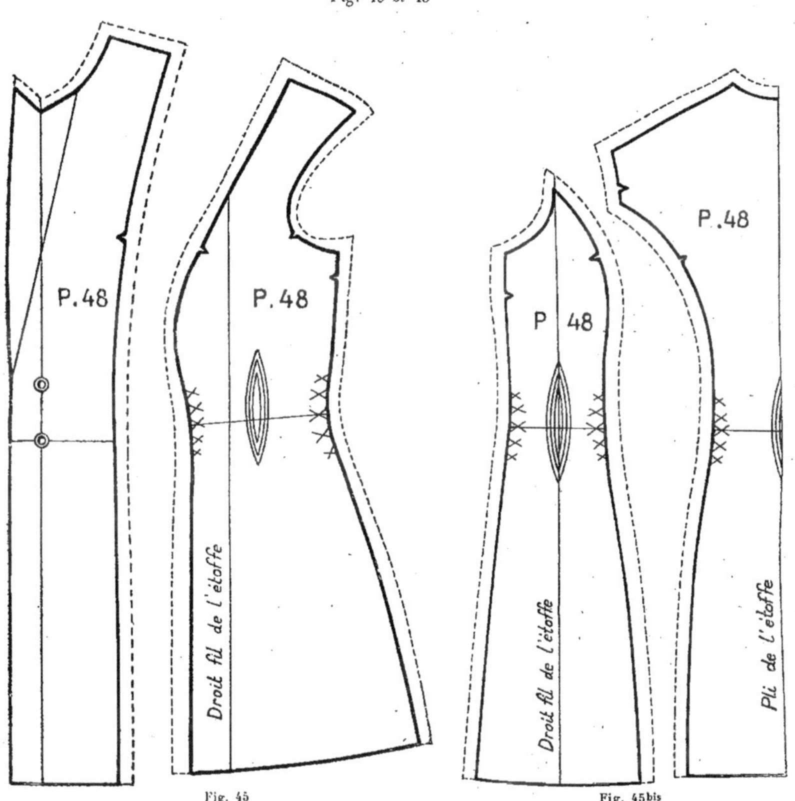

Fig. 45 Fig. 45bis

Cette figure démontre la façon dont on doit laisser les relarges ainsi que les lignes indiquant le droit fil de l'étoffe.

Pour le panneau du devant, c'est la ligne du bord du devant qui indique le droit fil.

Les tracés des vêtements de dames étant créés, coutures non comprises, en ayant soin de laisser pour la couture et relarge à chaque morceau, très exactement, la même valeur, 2 à 3 cent. sur toute la longueur, sans même passer de point de marque, en bâtissant dans la craie, l'on assemble par ce moyen la pièce exactement conforme au patron.

ÉTUDE DE LA JAQUETTE *(Suite.)*

Grosseur de poitrine : 48

Fig. 46

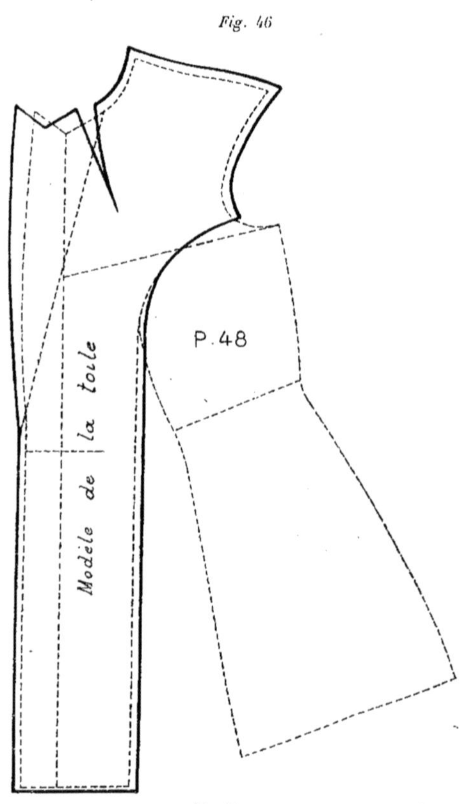

Fig. 46

Cette figure démontre comment il faut couper la toile
En droit fil de préférence.

Dans les vêtements de dames, la toile employée doit toujours de préférence être souple. La grandeur donnée au cliché ci-contre est le maximum à donner. Beaucoup de couturiers n'en mettent jamais dans l'épaule. Dans ce cas, le panneau du devant monte droit jusqu'à l'épaulette.

Et tous les vêtements à col roulant souple se font sans toile. Un simple petit droit fil au devant sous les boutonnières et les boutons.

Variation des Cols

Fig. 47

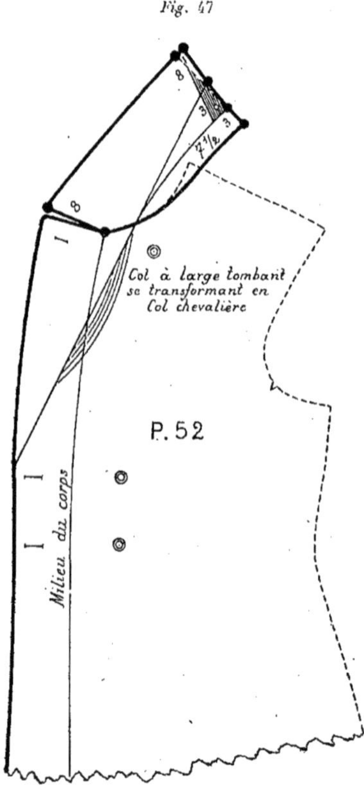

Fig. 47

Col pouvant former col chevalière ; il se coupe dans le principe du col ordinaire, sauf que la ligne de cassure s'incline de 3 cent.

Le bout du col suit l'inclinaison du cran et est de même largeur.

La valeur de la contre-anglaise s'arrête juste au milieu du corps.

Col marin à l'encolure

Fig. 48

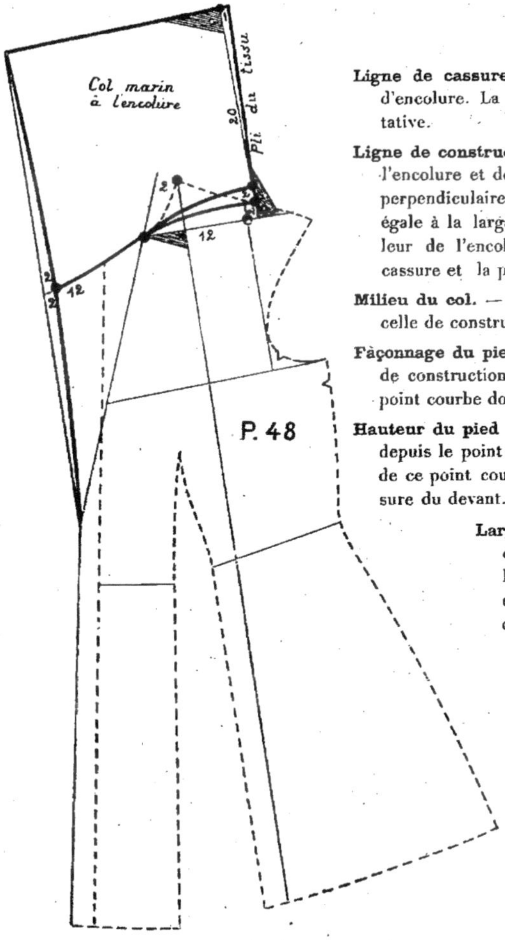

Fig. 48

Ligne de cassure. — Éloignée de 2 cent. du point d'encolure. La longueur du châlement est facultative.

Ligne de construction. — Partant de la jonction de l'encolure et de la cassure ; d'équerre sur la ligne perpendiculaire d'encolure et ayant une longueur égale à la largeur d'encolure du dos, plus la valeur de l'encolure du devant comprise entre la cassure et la pointe d'épaulette, soit 12 cent.

Milieu du col. — Au point 12, ligne d'équerre sur celle de construction et en remontant.

Façonnage du pied de col. — Au-dessus de la ligne de construction, en remontant de 2 cent., de ce point courbe douce venant retrouver la cassure.

Hauteur du pied de col. — Sur la ligne du milieu, depuis le point 2 remonter en moyenne de 2 cent., de ce point courbe douce venant retrouver la cassure du devant.

Largeur du tombant. — Facultative, en moyenne 20 cent., à ce point ligne d'équerre sur celle du milieu et se prolongeant jusqu'à la largeur que l'on désire.

Du bas du revers à la largeur du col, ligne droite, cintrée ensuite face à l'encolure de 2 cent.

Le milieu du col au niveau du tombant s'élargit de 1 cent. pour donner plus d'aisance.

VARIATION DES COLS *(Suite.)*

Col transformable, s'adaptant principalement aux capes ou aux manteaux

Fig. 48bis

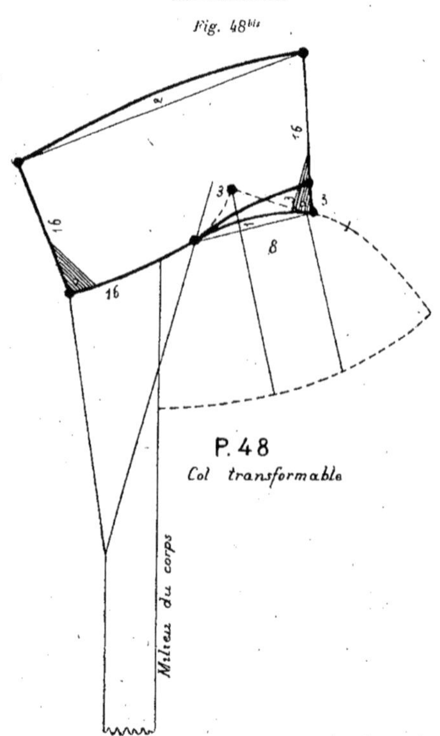

Fig. 48bis

Ligne de cassure. — Éloignée de 3 cent. du point d'encolure. La ligne de cassure part du niveau de la taille; la coupe de ce col permettant de la raccourcir à volonté.

Ligne de pied de col. — Partant de la jonction de l'encolure et de la cassure, d'équerre sur la perpendiculaire d'encolure et ayant une longueur égale à la largeur d'encolure du dos, plus la valeur d'encolure du devant comprise entre la cassure et la pointe d'épaulette; soit 12 cent.

Façonnage du pied de col. — Du point 12 à la cassure, ligne creuse de 1 cent.

Milieu du col. — Au point 12, ligne d'équerre sur la ligne cintrée et en remontant.

Hauteur du pied de col. — Sur la ligne du milieu, depuis la ligne d'équerre 3 cent.; de ce point à la cassure, ligne courbe.

Devant du col. — Ligne d'équerre sur l'encolure.

Largeur du col. — Facultative, en moyenne 16 cent. derrière et devant.

Réunir les deux points de largeur par une ligne droite et donner au milieu de sa longueur un arrondi de 2 cent.

Col souple, pouvant se porter à plat, roulant ou complètement plié en deux, formant genre aiglon

Fig. 49, 50 et 50bis

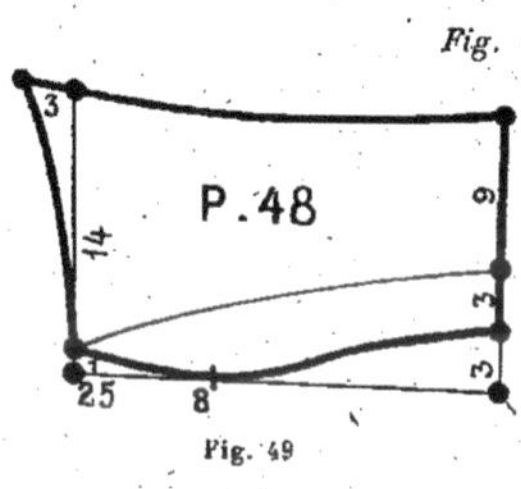

Fig. 49

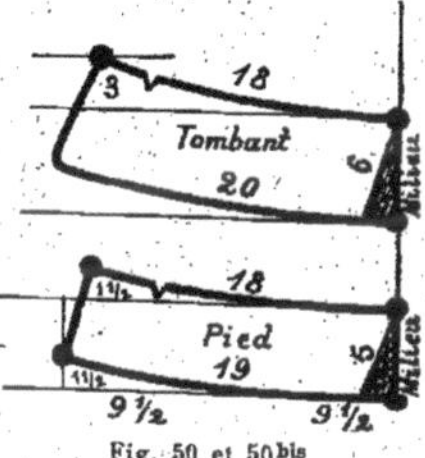

Fig. 50 et 50bis

Fig. 49

Tracer une ligne droite de la longueur de l'encolure; à chaque extrémité, une ligne d'équerre.

Façonnage du pied. — Sur le devant, remonter de 1 cent. et tracer une courbe qui vient retrouver la ligne droite, environ au 1/3 de la longueur totale, soit 8 cent.

Derrière, remonter de la ligne droite de 3 cent. et tracer une ligne creuse qui vient retrouver le point 8.

Ligne de cassure. — Derrière au-dessus du pied, 3 cent.; de ce point, ligne courbe venant retrouver le point 1.

Tombant. — Largeur derrière, moyenne 9 cent. Devant, 14 cent.; à ce point sortir de la ligne droite de 3 cent, et former une courbe douce venant trouver le point 1.

COL AIGLON

Fig. 50

Pied. — Deux lignes parallèles à la largeur voulue, moyenne, 5 cent.; former le milieu par une ligne d'équerre.

Du milieu, appliquer la demi-encolure, soit 19 cent., à ce point remonter de la ligne droite de 1 1/2. Tracer une courbe douce qui vient toucher la ligne droite au milieu de la longueur.

Le haut du pied se fait parallèle à la ligne de bas et 1 cent. plus court, soit 18 cent.

Fig. 50bis

Tombant. — Se fait plus large que le pied de 1 cent. sur la partie arrière; sur le devant il peut se faire jusqu'à 2 cent.

La partie qui doit se monter au pied doit être plus creuse que celui-ci, afin de donner l'aisance au bas du tombant.

Consultez attentivement la figure pour bien voir la forme à donner.

Etude des retouches

Fig. 51 et 51 bis

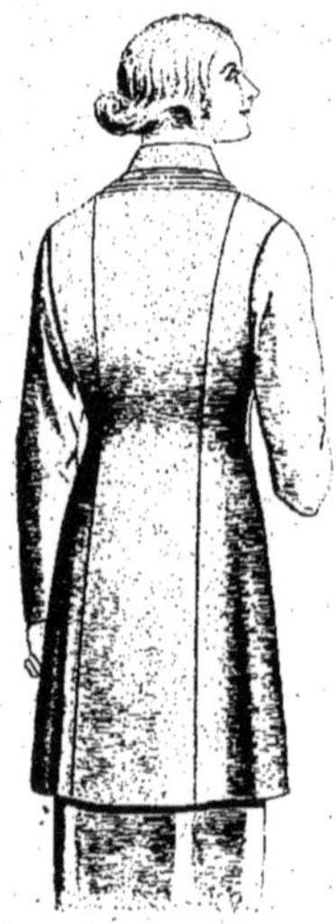

Fig. 51

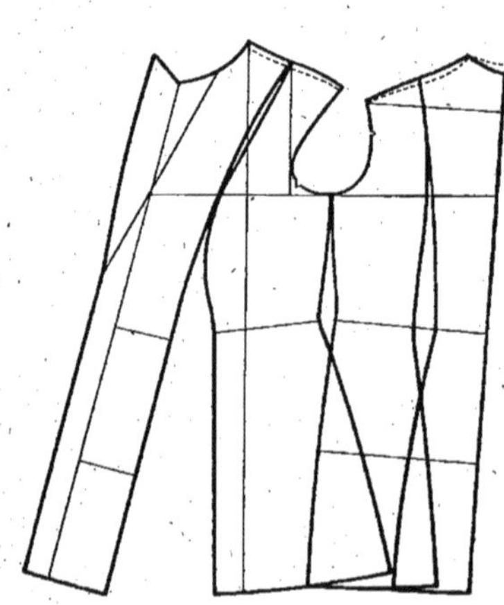

Fig. 51 bis

La figure 51 indique une jaquette dont le dos est trop montant du milieu et l'épaulette trop creuse. Le devant a également l'épaulette trop attaquée.

La figure 51 *bis* indique la modification qu'il faut faire pour corriger ce défaut.

Le pointillé indique comment a été coupée la jaquette, et le trait plein la rectification qu'il faut faire : découdre le col et les épaulettes et mouler cette partie sur la personne pour savoir la quantité exacte à faire glisser vers le cou et la quantité à lâcher à l'épaulette.

ÉTUDE DES RETOUCHES *(Suite.)*

Fig. 52 et 52 bis

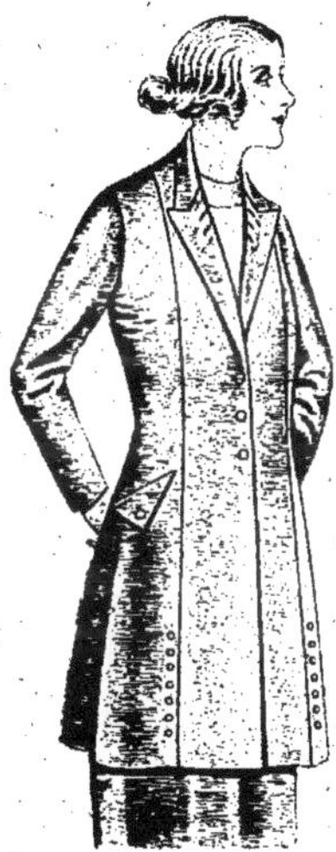

Fig. 52

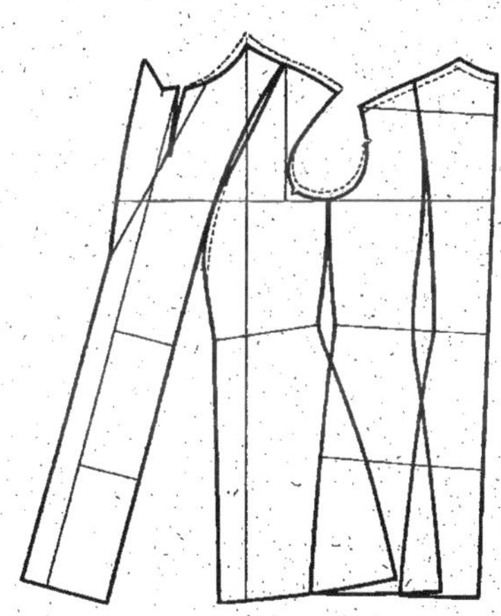

Fig. 52 bis

La figure 52 représente une jaquette qui baille d'encolure étant boutonnée et a aussi de petits plis sous le bras.

Cette pièce étant déboutonnée ouvre sur le devant dans le bas, et le dos se détache légèrement.

Par conséquent, manque de montant de dos, l'encolure est trop grande et de plus le bombage de poitrine est insuffisant.

La correction, indiquée par le trait plein de la figure 52 *bis*, montre que l'on a donné du montant de dos en ressortant du relarge dans le haut du dos et que l'on a raccourci l'épaule du devant sur toute sa longueur.

Donner plus de bombé à la poitrine à l'aide du relarge de la couture bretelle et creuser légèrement l'emmanchure pour faire disparaître les petits plis sous le bras. Reste à bien rajuster le col à la mesure de la nouvelle encolure.

ÉTUDE DES RETOUCHES *(Suite.)*

Fig. 53 et 53 bis

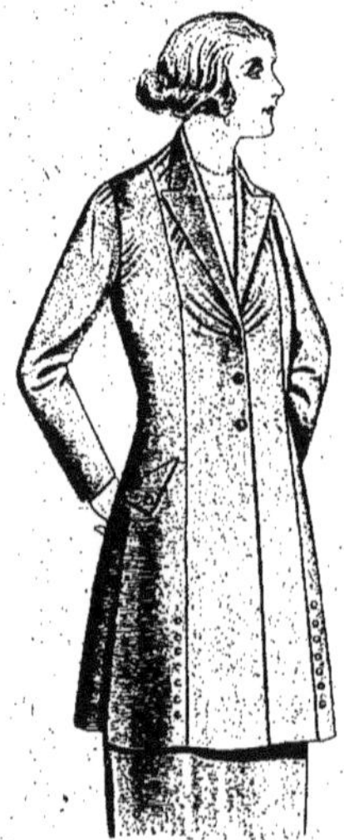

Fig. 53

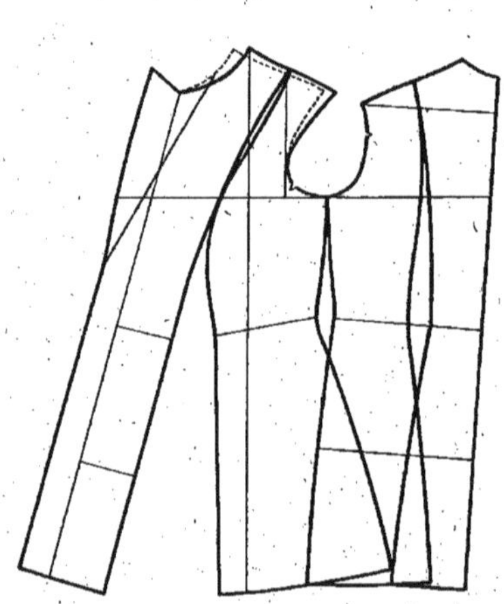

Fig. 53 bis

La figure 53 indique une jaquette qui est trop redressée d'encolure et trop attaquée de l'épaulette du devant, ce qui arrive à la faire manquer de poitrine. Le col est beaucoup trop court.

De là, tous les plis qui se produisent à l'épaulette et au boutonnement.

La figure 53 *bis* indique la façon de corriger ce défaut. Le pointillé indique comment était coupée la jaquette, et le trait plein la correction à faire.

Renverser la coupe d'environ 2 cent. et rallonger en ouvrant l'encolure l'épaulette du devant sur toute sa largeur, un demi-centimètre vers le bras et 1 à 2 cent. vers le cou.

Sur la personne, après avoir arrondi l'encolure, mesurer la longueur nécessaire du col, au besoin, en présentant sans le bâtir le premier col; de cette façon l'on jugera de combien il est court.

ÉTUDE DES RETOUCHES (Suite.)

Fig. 54, 54 bis et 54 ter

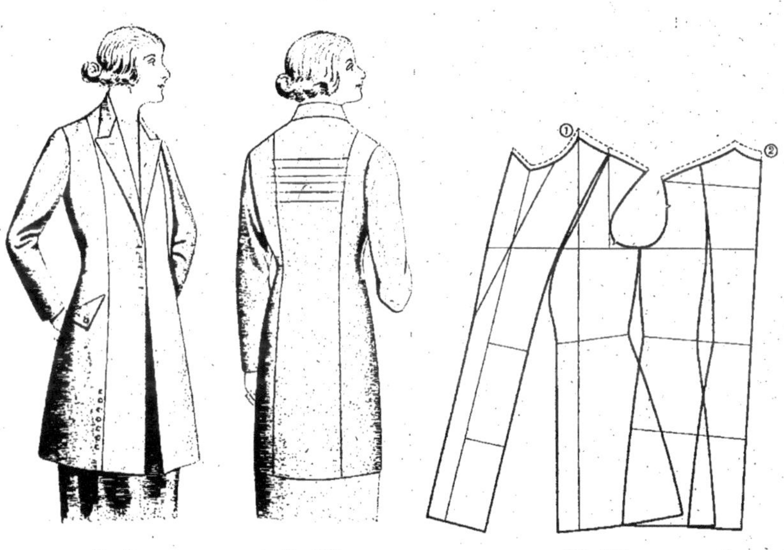

Fig. 54 — Fig. 54 bis — Fig. 54 ter

La figure 54 indique une jaquette qui chasse en arrière ; elle a donc été coupée avec épaulette du devant trop longue.

Pour corriger ce défaut voyez la figure 54 *ter*, retouche n° 1 au devant.

La figure 54 *bis* indique une jaquette ayant trop de montant de dos, ce qui fait produire des plis en travers du dos au niveau de la carrure.

La figure 54 *ter*, retouche n° 2 au dos, indique la correction à faire pour obtenir une jaquette allant bien.

Le pointillé indique comment a été coupée la jaquette ; le trait plein démontre la retouche à faire.

ÉTUDE DES RETOUCHES *(Suite.)*

Fig. 55 et 55 bis

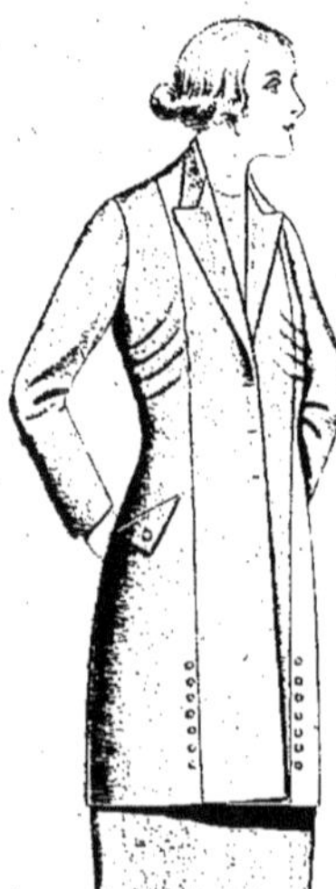

Fig. 55

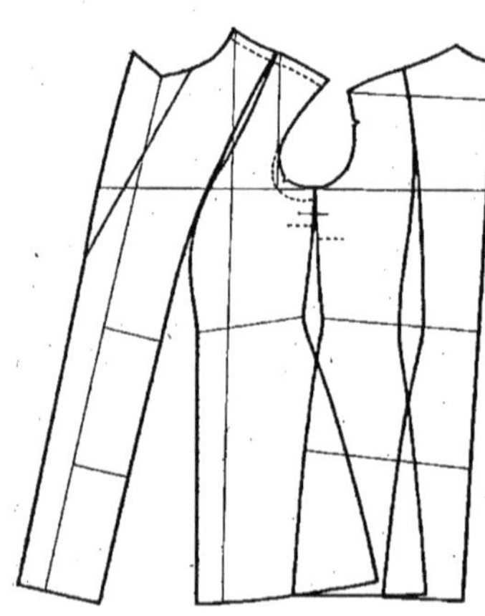

Fig. 55 bis

La figure 55 indique une jaquette qui est trop retenue de l'épaulette du devant, ou autrement le dos assemblé trop haut sur le devant.

La figure 55 *bis* indique la correction à faire, qui peut s'exécuter de deux façons différentes :

Soit en lâchant le crochet de l'épaulette du devant, comme l'indique le cliché, le pointillé étant la ligne du défaut et le trait plein la correction.

Autre façon en faisant remonter le devant par la couture du dessous de bras, de la valeur nécessaire pour corriger ce défaut. Les coches pointillées indiquent comment était montée la jaquette, et les coches à trait plein indiquent la correction faite.

Le devant en remontant a rallongé l'épaulette.

ÉTUDE DES RETOUCHES *(Suite.)*

Fig. 56 et 56 bis

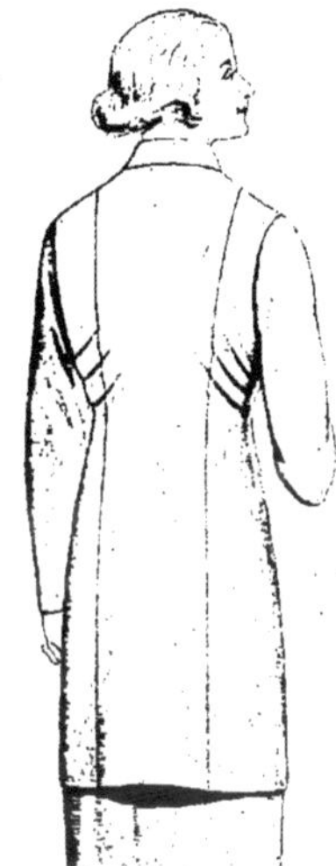

Fig. 56

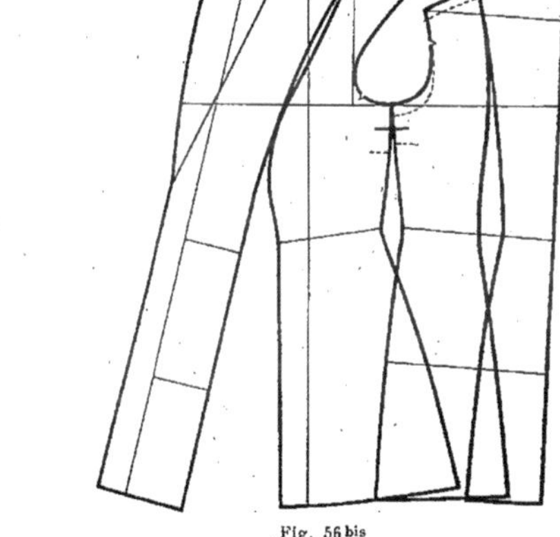

Fig. 56 bis

La figure 56 indique une pièce qui chasse, c'est donc un manque de montant de dos qui occasionne ce défaut.

La figure 56 *bis* indique la façon de le corriger. Comme pour la précédente, il y a deux manières de faire la correction.

1° Lâcher le crochet du dos à la nuque et tout le long de l'épaulette de la valeur nécessaire. Le pointillé indique comment a été coupé le dos, et le trait plein indique la correction faite.

2° Faire monter le dos de la valeur nécessaire par la couture du dessous de bras.

Les coches pointillées indiquent comment était assemblée la jaquette, les coches à trait plein indiquent comment elle doit être assemblée pour bien aller.

Conseils généraux sur la façon et les retouches

Les quelques figures donnant des aperçus de retouches ne sont pas là malheureusement tous les cas qui peuvent se présenter, mais, enfin, ces quelques exemples peuvent servir de base dans bien des cas, surtout pour tous les défauts qui proviennent d'un manque d'aplomb. En résumé, un vêtement est d'aplomb lorsqu'il possède les données suivantes :

1° Que le dos soit exactement coupé à la tenue et conformation de la personne comme descente d'épaules, largeur de carrure et emboîtage;

2° Que le devant ait son point d'encolure en place pour cette tenue comme hauteur et redressement ;

3° Que l'assemblage du dos au-devant soit fait exactement à la hauteur que nécessite la tenue de la personne.

Le dos étant placé trop haut, la pièce a trop de dos, bute au bassin et à la taille; un trop de longueur se manifeste dans le dos.

S'il est placé trop bas, la pièce chasse, le dos s'écarte du bas, des plis obliques se montrent au-dessous de l'omoplate. Le devant étant déboutonné ouvre du bas, s'il est boutonné la cassure du revers bâille, l'épaulette du devant est trop longue.

Si le point d'encolure du devant est trop avancé, c'est-à-dire trop redressé, la pièce n'entre pas, gêne à l'emmanchure, le bombé de la poitrine n'est pas en place et, dans le dos, la carrure semble trop large et n'adhère pas au corps; l'encolure étant trop fermée, le col est trop court.

Si le point d'encolure est trop renversé, la pièce rentre très bien, adhère parfaitement du dos, ne gêne pas du tout d'emmanchure, mais l'encolure étant trop grande, elle bâille et le vêtement se présente avec trop de largeur sur la poitrine.

Voici donc, en quelques lignes, les données pour l'aplomb du vêtement.

Si toute la façon n'a dérangé en rien les points, si le montage des coutures est fait avec soin, montage naturel, bombage du devant suffisant et également en bonne place, et que la doublure soit mise comme il faut, c'est-à-dire aisée, ne tirant nulle part ni en longueur, ni en largeur, ni dans le creux de taille, qu'elle soit en un mot exactement coupée et montée comme le drap avec le supplément de souplesse qui lui est nécessaire, tout ira bien. Mais si elle est courte, si elle est étroite, si les coutures ne sont pas justes sur celles du drap, le vêtement a des défauts multiples, il gêne, il a des plis. Celui qui ne sait pas voir de suite que ces défauts proviennent du doublage et qui se prend à pincer le trop de largeur qu'il trouve au tissu, s'engage dans le cercle vicieux de rétrécir le vêtement à tort et d'en détruire le cachet. Nous conseillons donc une bien grande attention au doublage.

En général, ne jamais faire de crochets qui rétrécissent le vêtement sans être bien certain que ce crochet est local, et qu'il peut se faire, la largeur de la pièce le permettant ; s'il n'en est pas ainsi il faut songer à élargir la partie opposée pour le faire disparaître.

Un vêtement trop serré à la taille se présente trop large sous le bras et aux omoplates.

Une épaulette trop serrée sur le bout de l'épaule se présente avec un crochet vers l'encolure et la pièce gêne et ne rentre pas aisément.

L'épaulette trop serrée vers l'encolure se présente avec un très gros crochet au bout de l'épaule vers l'emmanchure.

Une pièce trop étroite du bassin se présente trop large du haut avec des tiraillements obliques au-devant et elle a tendance à remonter.

Par ces quelques conseils minutieusement suivis, nous donnons la garantie de ne jamais, par les retouches, avoir un vêtement qui devient un **laissé pour compte**.

ÉTUDE DE LA MANCHE

Étude de la Manche

Fig. 57 et 58

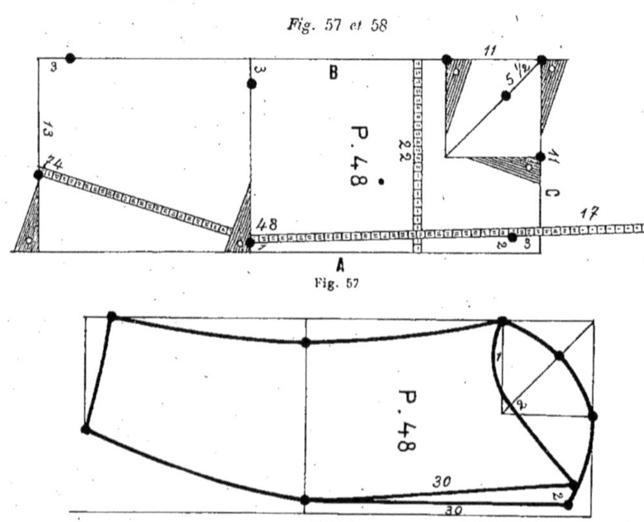

Fig. 57

Fig. 58

La manche se trace dans un rectangle, dont la largeur est égale à la demi-grosseur de poitrine moins 2 cent. pour un 48 cent. de poitrine.

Il s'augmente de 1/2 cent. par deux tailles plus fortes et se diminue de 1/2 cent. par deux tailles plus faibles.

Le tableau ci-dessous indique les largeurs de rectangle à appliquer pour chaque grosseur:

Grosseurs de poitrine

40	42	44	46	48	50	52	54	56	58	60	62	64
20	20 1/2	21	21 1/2	22	22 1/2	23	23 1/2	24	24 1/2	25	25 1/2	26

Largeurs du rectangle.

N.-B. — Les coutures ne sont pas comprises. Pour les manteaux, former le rectangle 2 cent. plus large.

La manche étude est établie pour un 48 cent. de poitrine.

Mesures : Largeur de carrure . . . . 17 c. 1/2
— **Longueur au coude** 48
— **Longueur totale** 74

Fig. 57

Largeur du rectangle. — Pour cette taille, 22 cent., soit les lignes A B.

Dans le haut, ligne d'équerre, soit ligne C.

Descente de saignée. — En dessous de C sur B la moitié du rectangle, soit 11 cent.

A ce point, petit trait d'équerre sur B se prolongeant jusqu'au milieu du rectangle.

Point de centre de la tête de manche. — Au milieu du rectangle, soit 11 cent., ligne d'équerre sur C venant retrouver la ligne de descente de saignée.

Dans le petit carré obtenu, tracer une diagonale, comme l'indique la figure 57.

Sur cette ligne partant de l'angle, descendre du 1/4 du rectangle, soit 5 c. 1/2.

Point du talon de la manche. — De la ligne C descendre de 2 à 3 cent., selon les tailles.

Pour notre grosseur 3 cent., à ce niveau, rentrer de la ligne A, invariablement de 2 cent.

Application des longueurs. — Du point du talon laisser dépasser la largeur de carrure, soit 17 c. 1/2. En suivant la ligne A, appliquer la longueur du coude 48 cent. En venant vers le milieu du rectangle, appliquer la longueur totale, soit 74 cent.

Aux points 48 et 74, ligne d'équerre.

Creusage de la saignée. — Au niveau du coude, rentrer de la ligne B de 3 cent., pour tailles moyennes et fortes.

Pour les plus petites tailles, 2 à 2 c. 1/2.

Longueur de la saignée. — Au-dessus de la ligne de longueur du coude 3 cent. pour toutes tailles.

Largeur au coude. — En dedans de la ligne A, 1 cent. pour toutes tailles.

Largeur du bas. — Varie selon les grosseurs et la mode; pour cette taille, 13 cent.

Tous les points étant établis, il ne reste qu'à façonner la manche, c'est ce que va démontrer la figure suivante.

Fig. 58

Façonner la manche, comme l'indique le cliché, en touchant tous les points déterminés à l'étude précédente.

Dessous de manche

Le dessous de manche s'obtient à l'aide du dessus. Au talon, rentrer invariablement de 2 cent. en conservant la même longueur qu'au-dessus. Du point 2 au coude, ligne droite.

Inclinaison du dessous. — Du point 2 passant invariablement 2 cent. au-dessus de l'angle du petit carré, ligne droite.

Creusage. — En dessous de la ligne de descente de saignée, invariablement 1 cent.

ÉTUDE DE LA MANCHE (Suite.)

Fig 59

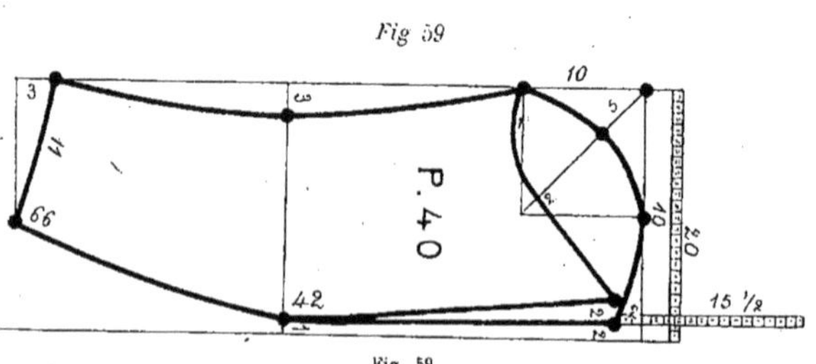

Fig. 59

Manche simple pour 40 de poitrine; elle s'établit d'après les principes généraux décrits à l'étude précédente.

Pour la reproduire, il suffit de regarder attentivement le cliché.

Fig. 60

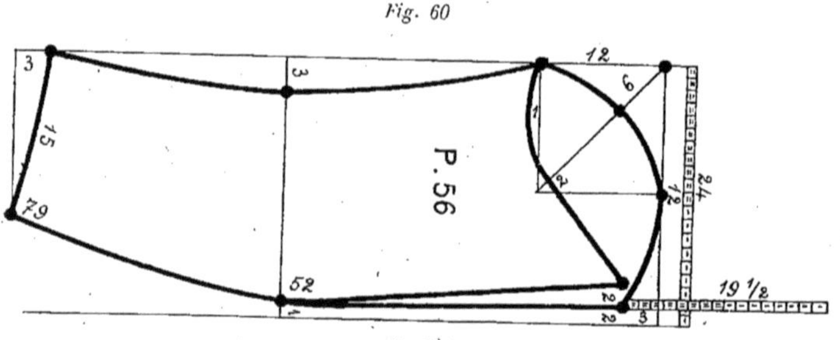

Fig. 60

Manche simple pour 56 de poitrine.

Mêmes observations que pour la figure 59.

On remarquera que nos manches conservent toujours un joli cachet, qu'elles soient pour petites ou grosses tailles ou tailles moyennes. Cela tient à notre combinaison de progression de largeurs.

N.-B. — Les têtes de manche restent sur la ligne C pour les vêtements à épaulettes larges; lorsqu'elles sont étroites, il faut remonter la tête de manche de 1 cent. sur le milieu du rectangle.

N.-B. — Cette étude démontre la manche simple; les variations et déplacements de couture font suite dans des études spéciales.

ÉTUDE DE LA MANCHE *(Suite.)*

Manche avec déplacement à l'avant-bras et au coude

Fig. 61

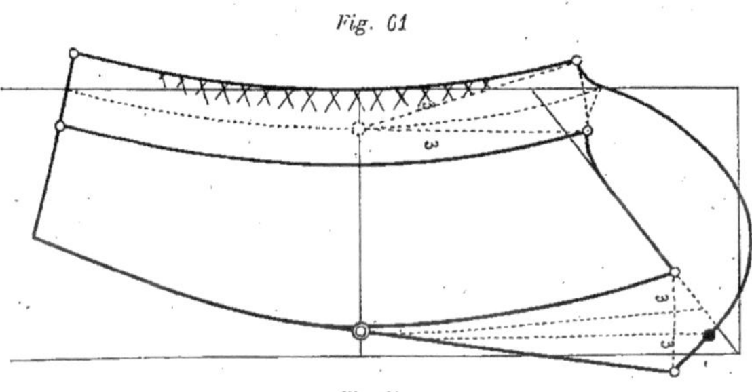

Fig. 61

Établir une manche simple, puis former le déplacement à la saignée dans toute sa longueur, comme l'indique le cliché.

La valeur du déplacement varie selon la souplesse du tissu employé, sa moyenne est de 3 cent.

Au coude, le déplacement se fait du talon en terminant à zéro au coude. Sa valeur moyenne est de 3 cent.

Fig. 62

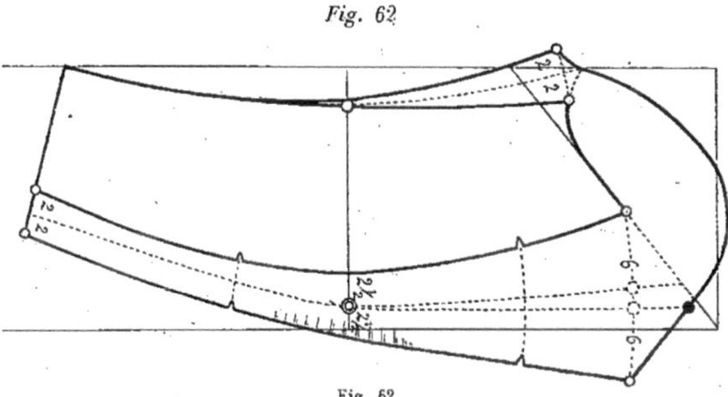

Fig. 62

Autre genre de déplacement :

Ce genre s'applique surtout aux tissus légers qui ne subissent pas de travail au fer.

Le déplacement existe tout le long de la couture du coude et nécessite un peu d'ambu face au coude.

ÉTUDE DE LA MANCHE *(Suite.)*

Manche large du haut

Fig. 63

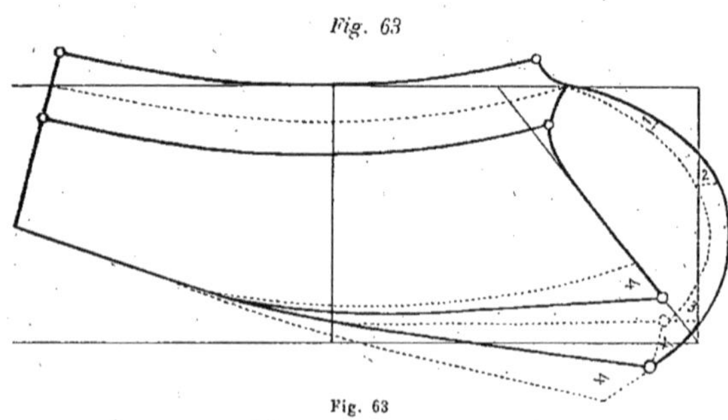

Fig. 63

Se servir d'un gabarit de manche ordinaire et élargir la manche au talon, de ce que l'on désire, en moyenne. . . . . 4 c.

Élévation supplémentaire de la tête de manche. Au talon, 1 cent. en moins que la largeur supplémentaire, soit. . . . . 3 c.

Au milieu de la tête de manche, moitié de la largeur supplémentaire, soit . . . 2 c.

Dans l'angle, vers la saignée, 1/4 de la largeur supplémentaire, soit . . . . . . 1 c.

Tracer une nouvelle tête de manche en touchant tous les points.

Déplacement des coutures. — A la saignée et au coude, procéder comme dans les études précédentes.

N.-B. — Cette manche se réduit à la mesure de l'emmanchure, avant le montage, par des plis, des fronces ou des pinces, comme l'indique la figure 64.

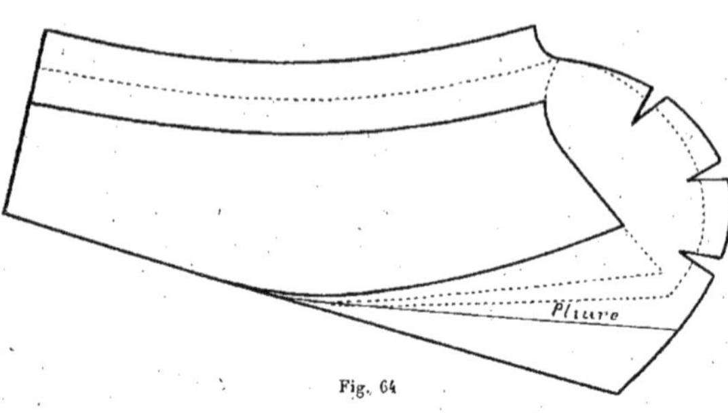

Fig. 64

ÉTUDE DE LA MANCHE *(Suite.)*

Manches fantaisies

Fig. 65

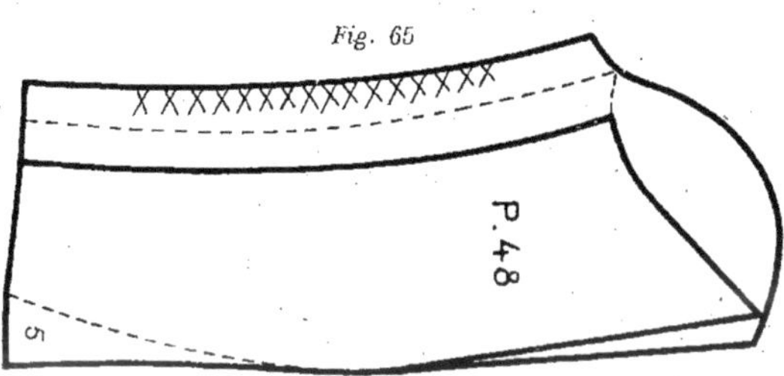

Fig. 65

Ce genre de manche se coupe à l'aide de la manche ordinaire; il suffit de l'élargir du bas (côté coude) pour lui donner la forme pagode.

La largeur supplémentaire est facultative ; elle suit la mode.

N.-B. — Les déplacements de couture se font comme dans les autres genres.

Fig. 66

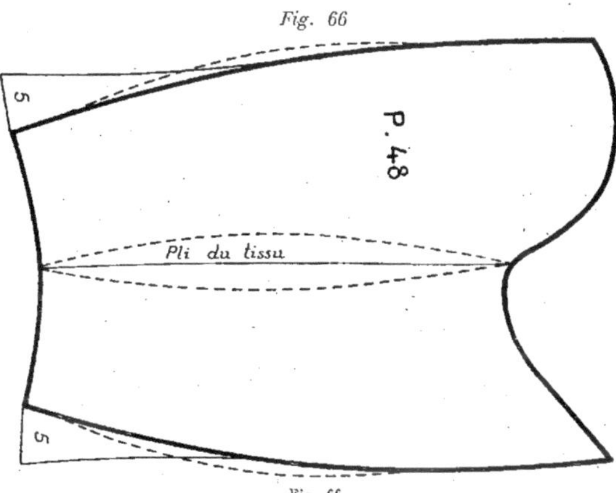

Fig. 66

Manche d'une seule pièce, sans couture à la saignée. — Il suffit de réunir le modèle ordinaire par la saignée et de tracer autour.

Pour éviter le trop de largeur qui pourrait se présenter au coude, aplatir celui-ci de chaque côté d'environ 1 cent.

Ce genre peut se faire pagode du bas, comme l'indique le cliché.

Il suffit de lui donner la largeur supplémentaire que l'on désire.

ÉTUDE DE LA MANCHE *(Suite.)*

Fig. 67

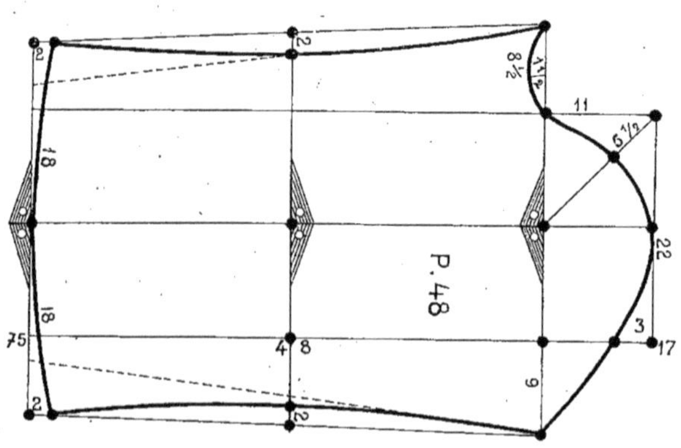

Fig. 67

Manche d'une seule pièce, sans couture au coude. — La couture d'assemblage se trouve juste en dessous du bras.

Formez un rectangle et façonnez la tête de manche d'après les principes de la première étude. Au milieu du rectangle, ligne verticale dans toute la longueur de la manche.

Largeur du bas. — Proportionnée à la taille et variant selon la mode.

N.-B. — Le pointillé indique la manche classique; le trait plein la manche pagode. Le cintrage face au coude est facultatif.

ÉTUDE DE LA MANCHE *(Suite.)*

Fig. 67

Formation du dessous de manche. — Au niveau de la descente de saignée, sortir du côté du coude, de la moitié du rectangle moins 2 cent., soit 9 cent. pour cette taille.

Du côté de la saignée, la moitié du rectangle moins 2 c. 1/2, soit 8 c. 1/2.

La largeur du bas est répartie par moitié chaque côté de la ligne centrale.

N.-B. — Pour la manche pagode, remonter de la ligne d'équerre de 2 cent. à chaque extrémité de la largeur du bas.

Creusage du dessous de manche. — Du côté de la saignée, 1 cent. à 1 c. 1/2.
Pour le façonnage des lignes, consultez le cliché.

ÉTUDE DES RETOUCHES *(Suite.)*

Fig. 68, 69 et 70

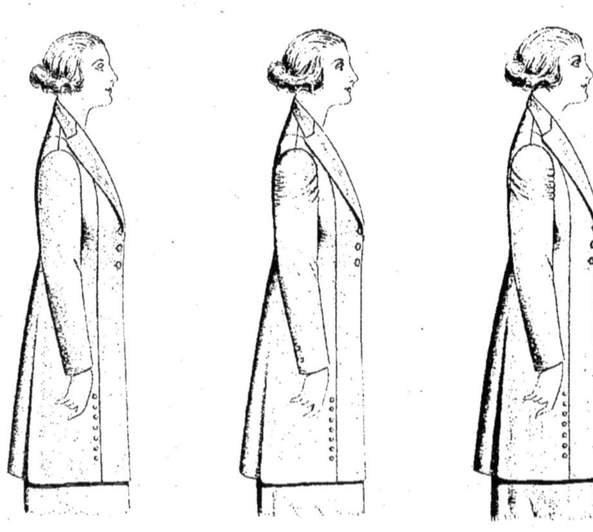

Fig. 68 Fig. 69 Fig. 70

La figure 68 indique une manche tombant bien dans l'aplomb du bras.

La figure 69 indique une manche allant trop avant pour la chute du bras du sujet.

La figure 69 *bis* démontre la correction à faire pour remettre cette manche d'aplomb; il suffit de baisser le talon de la valeur nécessaire et de reformer le dessus de manche en finissant à zéro à la saignée.

Le pointillé indique comment a été coupée la manche, le trait plein indique la correction faite.

La figure 70 indique une manche allant trop en arrière, pour la tombée du bras du sujet; de là, les plis de refoulement à l'avant-bras et les plis de tiraillement au talon.

ÉTUDE DES RETOUCHES *(Suite.)*

Fig. 69 *bis* et 70 *bis*

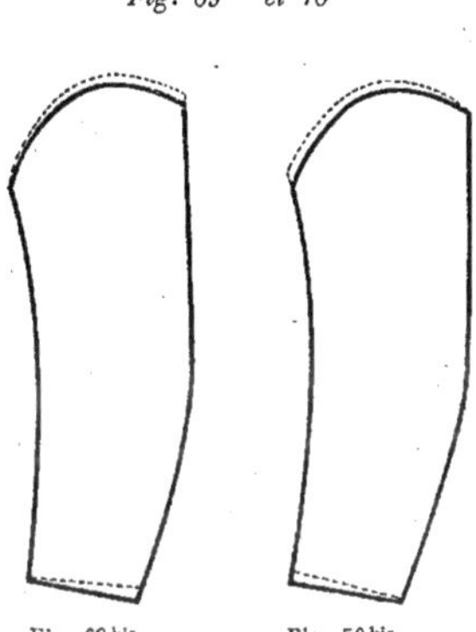

Fig. 69 bis Fig. 70 bis

La figure 70 *bis* indique la correction à faire; elle est l'opposé de la figure 69 *bis*.

Il faut donc baisser la saignée de la valeur nécessaire et retracer le dessus de manche en terminant à zéro au talon.

Pour faciliter ce tracé, on se sert d'une manche pour tracer la retouche.

Le pointillé indique comment a été coupée la manche et le trait plein la correction à faire pour obtenir une manche allant bien.

Étude du manteau demi-ajusté

Mesures : 50, 37, 54, 6, 38, 115, 17 1/2

Fig. 71

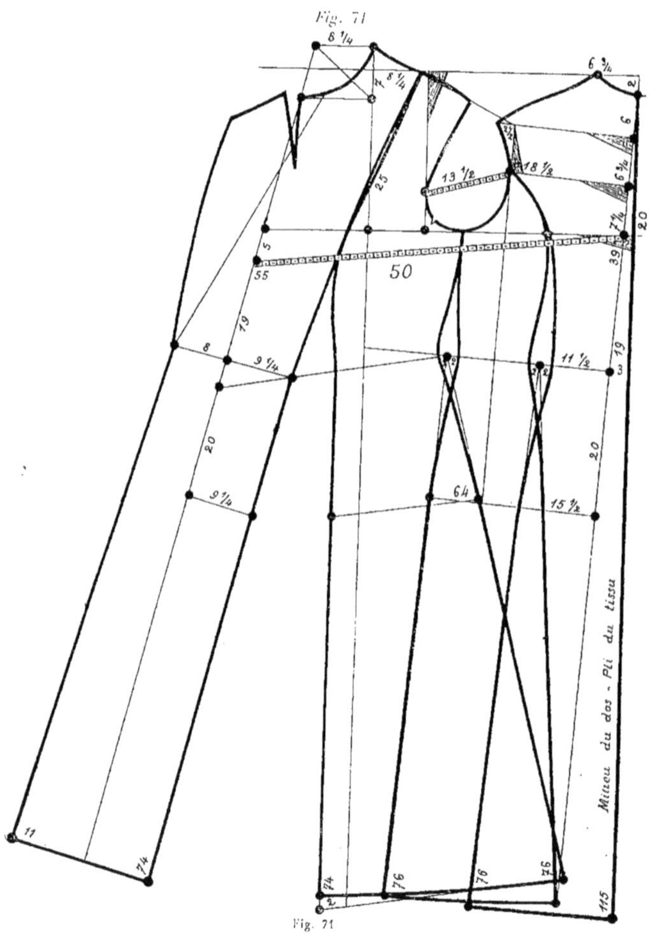

Fig. 71

Le manteau demi-ajusté se coupe dans le principe de la jaquette, seulement le milieu du dos se place sur la ligne du carré; la ligne biaisée de 3 cent. ne sert qu'à former les équerres de descente d'épaule et de descente de carrure.

La largeur de carrure se place depuis la ligne inclinée, les autres mesures partent du milieu réel du dos.

L'encolure du dos et la descente de carrure s'augmentent de 1/2 cent.

La profondeur d'emmanchure, la largeur de carrure et le diamètre d'emmanchure s'augmentent de 1 cent.

Le point d'encolure et la ligne de milieu du corps s'augmentent de 1 cent., soit le 1/6 juste de la poitrine . . . . 8 c. 1/4

La grosseur de poitrine se place plus 5 cent., soit 50 + 5. . . . . 55 c.

La grosseur de ceinture se place plus 8 cent., soit 37 + 8. . . . . 45 c.

La grosseur de bassin se place plus 10 cent., soit 54 + 10 . . . . 64 c.

La longueur de taille s'augmente de 1 cent., soit 38 + 1. . . . . 39 c.

Largeur moyenne du dos. — A la ceinture 1/4 de la grosseur plus 2 cent., soit. . . 11 c. 1/2

Au bassin 1/4 de la mesure plus 2 cent., soit . . . . 15 c. 1/2

Pince entre le dos et le petit côté. . . . . 4 c.

Largeur moyenne du petit côté. — Dans le haut 1/4 de poitrine, soit. . . . . 12 c. 1/2

Dans le bas 1 à 2 cent. de moins qu'en haut. Au bassin 1/4 de bassin plus 2 cent., soit . . . . 15 c. 1/2

Cette mesure se place par moitié de chaque côté de la ligne centrale.

Largeur de panneau du devant. — Facultative, en moyenne 1/6 de poitrine plus 1 cent., soit. . . . . 9 c. 1/4

Croisure. — Moyenne. A la taille 8 cent., dans le bas . . . . 11 c.

Réglage des longueurs. — Même principe qu'aux jaquettes.

Le dos peut se faire à couture bretelle. La pince du devant peut s'arrêter à la poitrine.

L'encolure de ce manteau est pour col châle.

Vérification de la tenue. — Sur le dos 20 cent., sur le devant 5 cent. en plus, soit . . 25 c.

Etude du manteau demi-ample

Mesures : 48, 36, 52, 6, 37, 112, 17

Fig. 72

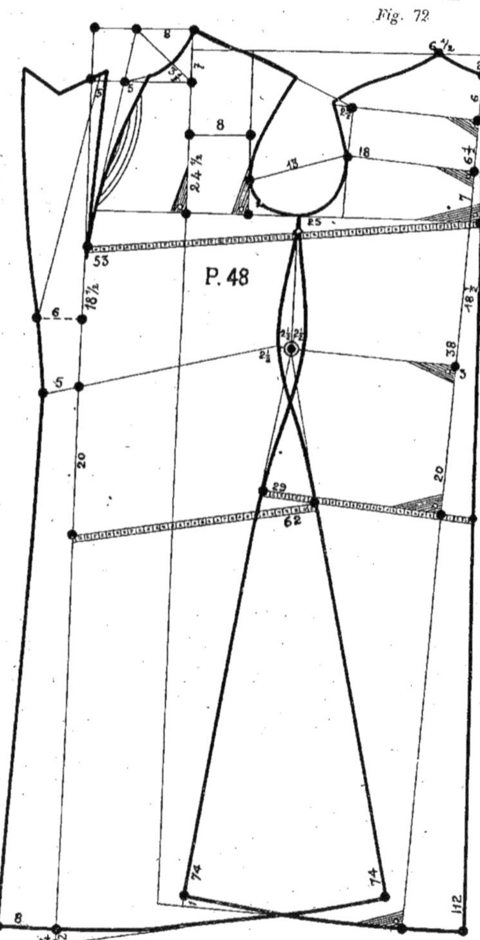

Fig. 72

Ce genre s'établit comme le précédent dans les principes généraux.

Variations. — Une seule couture sous le bras qui se place au milieu de l'emmanchure.

Le cintrage à la taille peut être plus ou moins accentué.

La largeur du dos au bassin est en moyenne du demi-bassin plus 3 cent., soit 29 cent.

L'ampleur du devant est obtenue en appliquant le bassin plus 10 cent., soit 62 cent.

La pince de poitrine est pratiquée dans l'encolure, derrière la cassure, comme pour la jaquette deux pièces.

La croisure se fait comme pour le précédent et selon le genre que l'on désire.

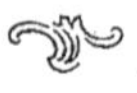

ÉTUDE DU MANTEAU DEMI-AMPLE *(Suite.)*

Mesures : 44, 34, 48, 6, 35, 108, 16

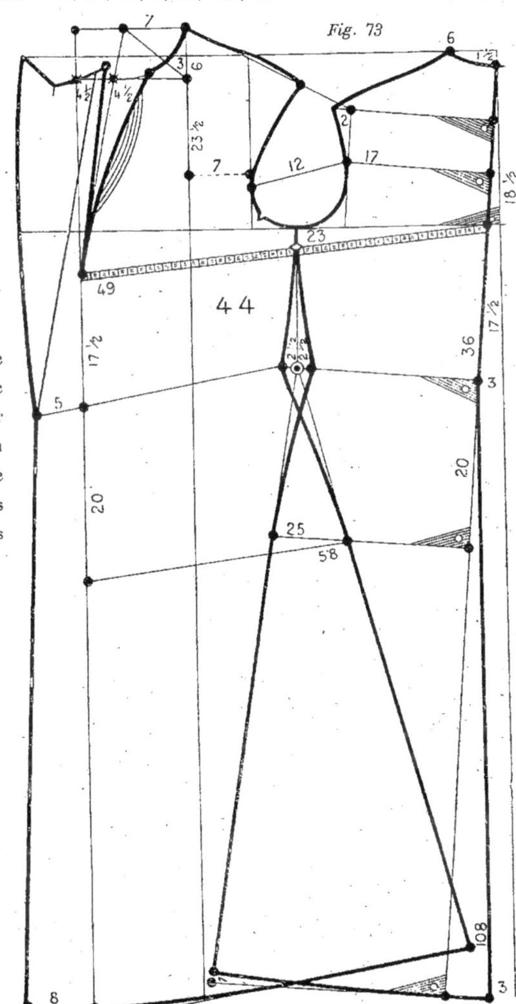

Fig. 73

Ce manteau est établi comme le précédent, seulement il est avec couture au milieu du dos. Pour donner le cintrage à la ligne du milieu du dos, tracer une ligne parallèle à celle du carré, depuis le niveau de la taille jusqu'au bas du vêtement.

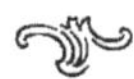

Etude du manteau

Mesures : 54, 42, 58, 6, 39, 120, 18 1/2

Fig. 74

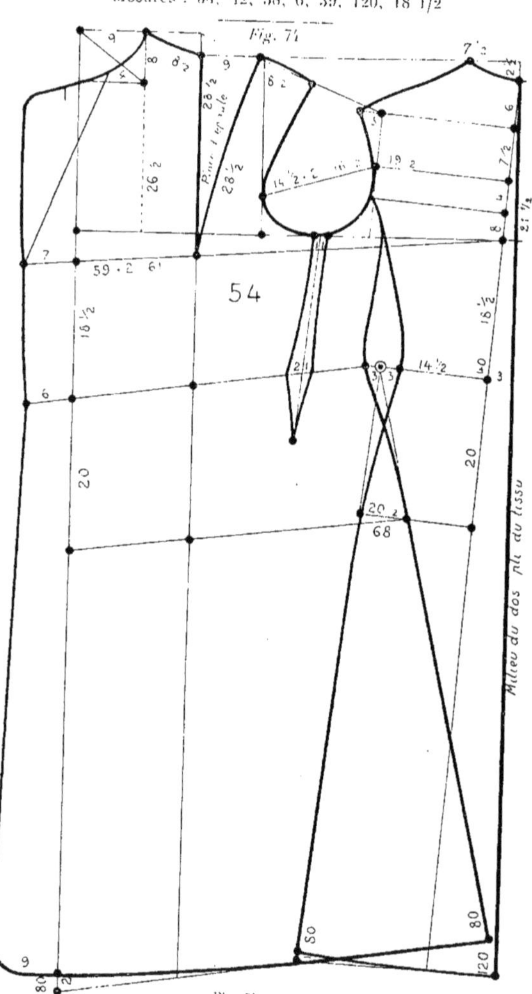

Fig. 74

Modèle demi-cintré, sans petit côté, mais avec pince sous le bras.

En appliquant la grosseur de poitrine et le diamètre d'emmanchure, tenir compte de l'écart de la pince qui est ici de 2 cent.

La pointe du bas du dos à la carrure se place au milieu de la descente de carrure et de la profondeur d'emmanchure. Le devant est avec pince dans l'épaulette.

Façonnage de la pince. — Du milieu du corps rentrer de 1/6 de poitrine plus 1 cent., soit 9 cent. De ce point placer la demi-largeur d'épaulette, soit 8 c. 1/2 et tracer une ligne droite verticale jusqu'au niveau de la profondeur d'emmanchure, ce point sert de pivot pour régler les côtés de la pince.

Réglage des côtés de la pince. — Du point de pivot mesurer le côté arrière de la pince qui se termine au milieu de l'épaulette primitive, soit 28 c. 1/2. Reporter cette mesure sur le devant et façonner la partie avant de l'épaulette, comme l'indique le cliché.

La pince du dessous de bras se creuse au niveau de la taille de 2 cent. sur le devant et de 1 cent. derrière.

Les autres points s'obtiennent comme pour les genres précédents.

ÉTUDE DU MANTEAU *(Suite.)*

Mesures : 52, 39, 56, 6, 39, 115, 18 1/2, 50, 77

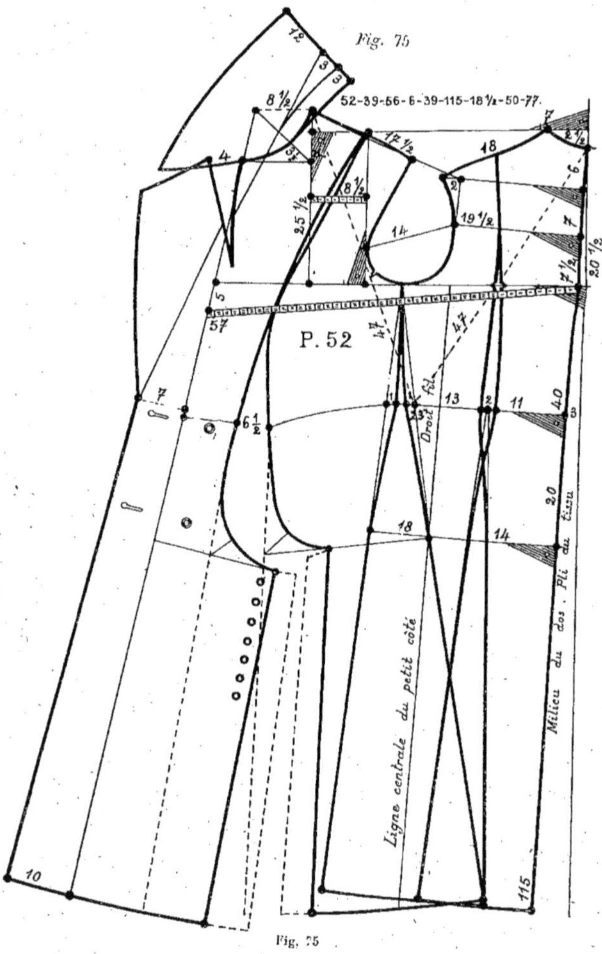

Fig. 75

Modèle ajusté et fantaisie. Le dos et le devant sont à coutures bretelles.

Pour obtenir ce genre, il faut d'abord tracer complètement le manteau avec les lignes ordinaires.

Puis l'on dessine la fantaisie ; le tissu ajouté d'un côté se retranche de l'autre. Une étude attentive du cliché permet de reproduire facilement ce modèle. Le col et les revers sont de forme châle, mais ils peuvent former cran si on le désire.

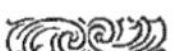

Manche

Fig. 76

La manche du manteau s'établit comme celle de la jaquette, en tenant compte que la largeur du rectangle doit s'augmenter de 2 cent.

Le cliché ci-contre présente deux genres : la manche normale et la manche pagode.

Fig. 76

Parement

Fig. 77

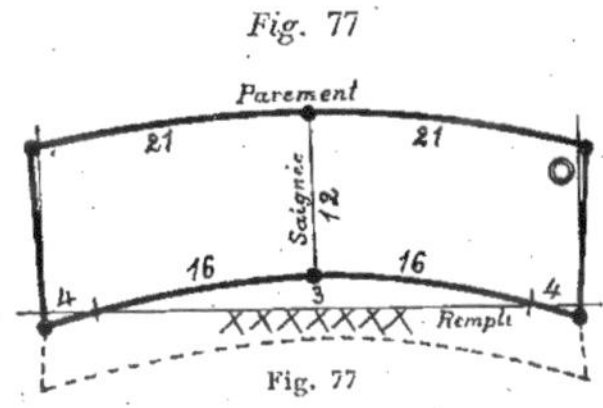
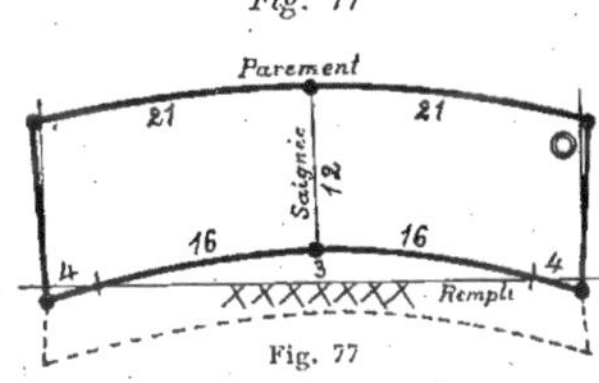

Fig. 77

Le parement s'obtient par la largeur du bas de la manche.

Il doit avoir un cintrage moyen de 3 cent. au milieu de sa longueur.

Le genre que représente ce cliché s'adapte aux deux genres de manches que représente la figure.

La hauteur du parement est facultative ainsi que le façonnage du haut.

ÉTUDE DU MANTEAU *(Suite.)*

Forme raglan ample

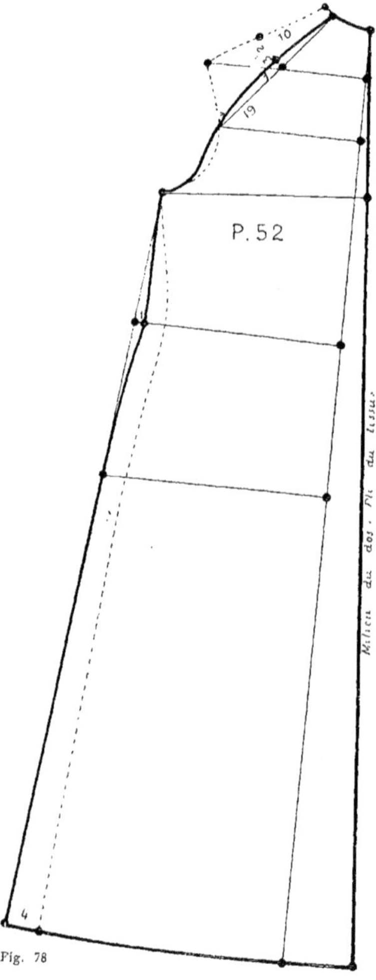

Fig. 78

Mesures : 52, 39, 56, 6. 39, 115, 18 1/2

Fig. 78

Le raglan s'obtient à l'aide du manteau demi-ample ; il suffit d'y apporter les modifications suivantes :

Dos. — Élargir le bas selon l'ampleur supplémentaire que l'on désire, en moyenne 4 cent. De ce point au point ordinaire du haut, ligne droite.

Au niveau de la taille, cintrage de 1 cent., afin que la ligne soit plus gracieuse.

Épaulette. — Diminuer l'encolure du dos de 1 c. 1/2. De ce point au niveau de la ligne de descente de carrure, ligne droite.

Au niveau de la descente d'épaule, donner 1 cent. de rond et façonner le dos comme l'indique le cliché.

De la pointe d'encolure au point de jonction de la descente d'épaule et de l'épaulette raglan, former un arc de cercle et mesurer l'intervalle compris entre ces deux points ; pour cette taille, 10 cent.

ÉTUDE DU MANTEAU *(Suite.)*

Forme raglan ample

Mesures : 52, 39, 56, 6, 39, 115, 18 1/2

Fig. 78 bis

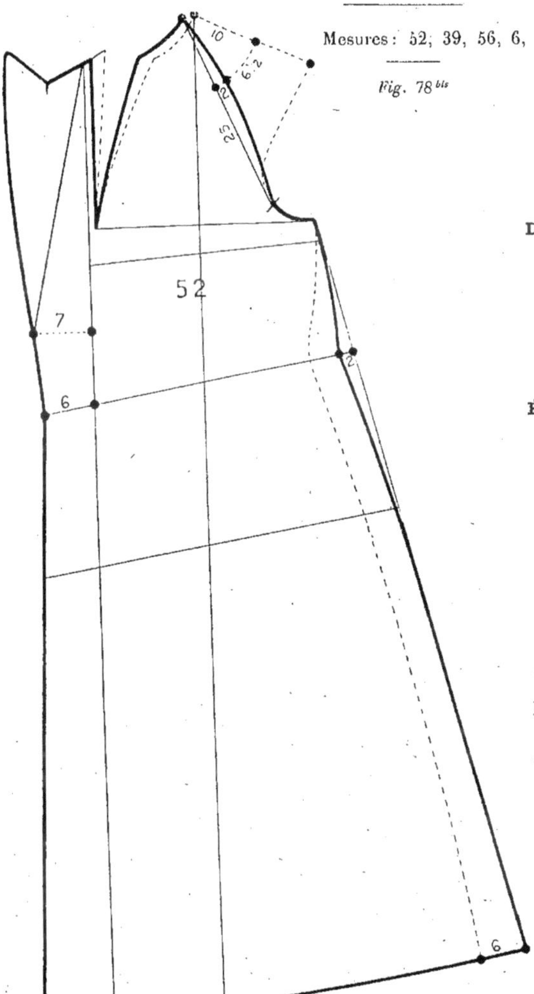

Fig. 78 bis

Devant. — Élargir le bas du devant selon l'ampleur voulue, en moyenne 6 cent., de ce point au point du dessous de bras ligne droite. Au niveau de la taille, cintrage de 2 cent. pour l'élégance de la ligne.

Épaulette. — Au point de l'encolure, baisser l'épaulette de 1 c. 1/2, puis du point d'attache de la manche au point normal d'épaulette, mesurer la longueur et la reporter au point de descente 1 1/2, ce qui détermine le nouveau point d'encolure. De ce point au point d'attache de la manche ligne droite.

Du point de l'encolure, porter la même longueur qu'au dos, soit 10 cent., et former un arc de cercle.

Au point 10 sortir de la ligne droite de 2 cent. et façonner la ligne comme l'indique le cliché.

ÉTUDE DU MANTEAU *(Suite.)*

Forme raglan ample (étude de la manche)

MANCHE SIMPLE

Fig. 79

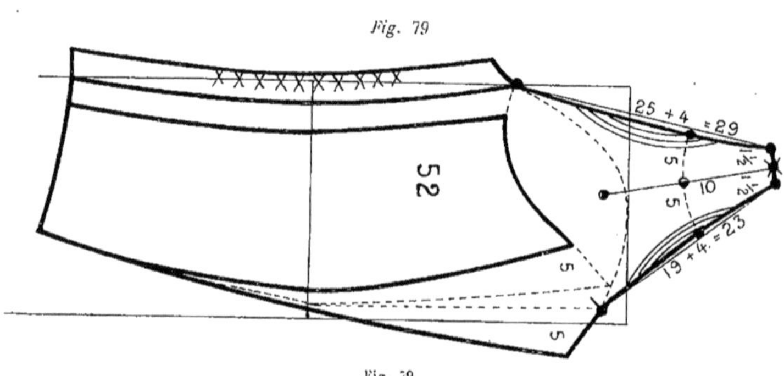

Fig. 79

Établir une manche ordinaire de manteau, comme l'indique le pointillé du cliché. La valeur du déplacement de couture au coude est facultative; en moyenne 5 cent.

Façonnage de la tête de manche. — Mesurer sur le dos, depuis la pointe d'encolure au point d'attache de la manche, nous trouvons 19 cent. Appliquer cette mesure plus 4 cent., soit 23 cent., en partant du talon et former un arc de cercle, comme l'indique le cliché.

Mesurer ensuite sur le devant également de la pointe d'encolure au point d'attache de la manche, nous obtenons 25 cent. Augmenter également cette mesure de 4 cent., ce qui donne 29 cent. Appliquer cette mesure du point de la saignée et venant retrouver l'arc de cercle du dos. Nous obtenons l'axe du haut de la manche, ou point central. De ce point venant vers le milieu du rectangle en laissant 1 cent. de plus à la partie arrière, ligne droite.

De la pointe de manche, reporter le point 10 du dos et du devant et former un arc de cercle.

Réglage des largeurs. — Dans le haut donner chaque côté de la ligne centrale 1 c. 1/2, soit la valeur enlevée au dos et au-devant.

Au niveau du point 10 mesurer la valeur enlevée au dos, soit 3 c. 1/2; au devant 6 c. 1/2, ce qui donne une totalité de 10 cent. Répartir cette valeur sur la manche au niveau du point 10 en la répartissant par partie égale, soit 5 cent. chaque côté.

Façonner ensuite la manche comme l'indique le cliché.

MANCHE AVEC PINCE

Fig. 79 bis

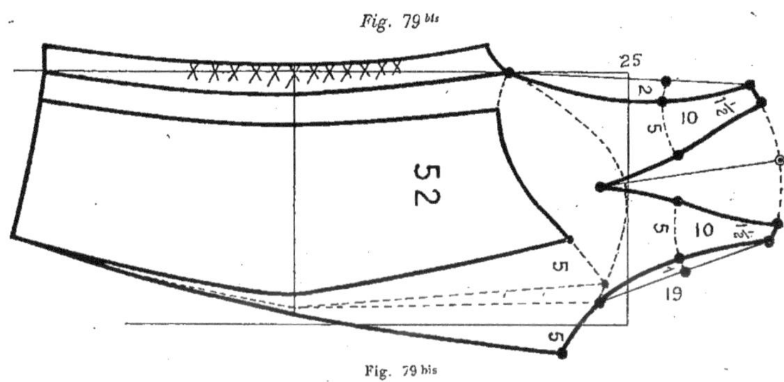

Fig. 79 bis

Après avoir établi le point central comme à la précédente, former un arc de cercle sur la jonction des points 23 et 29.

Formation de la pince. — Du talon venant retrouver l'arc de cercle, appliquer la mesure juste du dos, soit 19 cent., et tracer une ligne droite.

Pour le devant partir de la saignée et appliquer la mesure du devant, soit 25 cent., tracer également une ligne droite.

Dans le haut donner la valeur enlevée au dos et au devant, soit 1 c. 1/2, tracer une ligne droite de chacun de ces points venant au point de pivot.

Par ce procédé la pince se détermine par elle-même.

Façonnage des lignes. — Des pointes de la pince, placer le point 10 et former deux arcs de cercle; à ce niveau cintrer le côté du dos de 1 cent. et le côté du devant de 2 cent., c'est-à-dire la même valeur qui a été donnée à chacune de ces pièces.

Donner ensuite à chaque aile de la manche la valeur enlevée au dos et au-devant, soit 10 cent., en répartissant cette valeur moitié par moitié. (Voyez cliché.)

ÉTUDE DU MANTEAU *(Suite.)*

Forme raglan demi-ajusté, emmanchure basse

Mesures : 42, 33, 46, 6, 34, 105, 16

Fig. 80

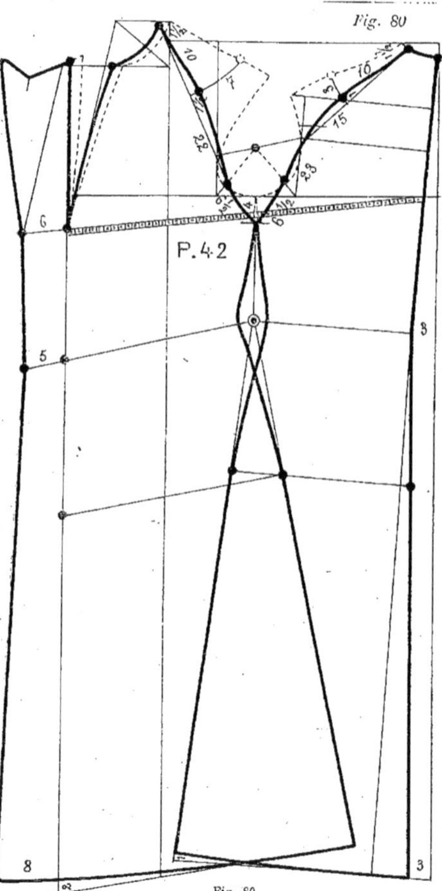

Fig. 80

Tracer complètement un manteau demi-ajusté avec couture au milieu du dos et façonner ensuite les lignes du raglan, comme l'indique le cliché.

L'emmanchure est plus basse de 4 cent. On peut accentuer davantage cette variation si on le désire.

Les coches de montage de la manche, se fixent dans les deux angles de la profondeur d'emmanchure et convergent vers le milieu du diamètre d'emmanchure.

Bien noter ensuite tous les points qui servent à la construction de la manche.

ÉTUDE DU MANTEAU *(Suite.)*

Forme raglan demi-ajusté, emmanchure basse

Mesures : 42, 33, 46, 6, 34, 105, 16, 74

Fig. 81

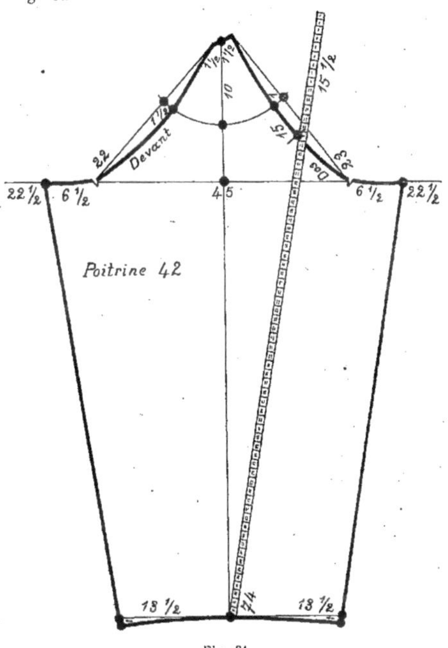

Fig. 81

FORMATION DE LA MANCHE D'UNE SEULE PIÈCE

Tracer une ligne droite, puis une ligne transversale d'équerre.

Largeur de la manche. — Placer la valeur du rectangle qui convient à cette grosseur, soit 22 c. 1/2 chaque côté.

Coches de montage.— Mesurer le dos et le devant, depuis la ligne du dessous de bras à la coche nous trouvons 6 c. 1/2. Appliquer cette mesure chaque côté de la manche en rentrant du point 22 1/2.

Formation de la pointe de manche. — Des points 6 1/2, appliquer côté du dos la mesure de celui-ci, soit 23 cent. et côté du devant également sa mesure, soit 22 cent.

Donner dans le haut, chaque côté de la ligne centrale, la valeur enlevée au dos et au-devant, soit 1 c. 1/2.

Former l'arc de cercle à la même longueur, soit 10 c. 1/2, et façonner les lignes à la demande du dos et du devant, comme l'indique le cliché.

Application de la longueur. — Mesurer sur le dos, depuis la pointe d'encolure au point ordinaire d'attache, nous trouvons 15 cent., reporter cette mesure sur la manche et partir de ce point pour appliquer la longueur, soit 74 cent., en venant vers la ligne centrale et en laissant toujours dépasser la valeur de la carrure.

La largeur du bas est facultative, elle se répartie moitié par moitié de la ligne centrale. Ce genre peut se faire pagode en donnant l'ampleur supplémentaire moitié de chaque côté.

ÉTUDE DU MANTEAU *(Suite.)*

Forme raglan ample, emmanchure très basse

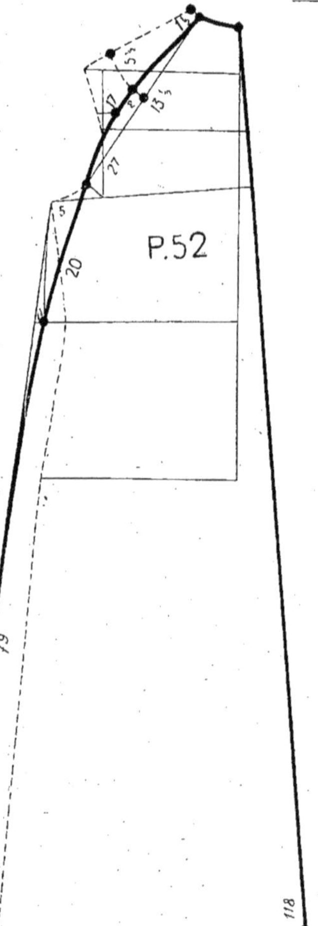

Fig. 82

Mesures : 52, 39, 56, 6, 38 1/2, 118, 18 1/2

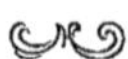

Fig. 82

Formation du dos. — Se servir d'un dos ordinaire de manteau ample et apporter les modifications suivantes :

Enlever à la pointe d'encolure 1 c. 1/2 au niveau de la profondeur d'emmanchure, rentrer de la ligne du côté d'une moyenne de 5 cent. et tracer une ligne droite de ce point au point 1 1/2, ensuite du point 5 au niveau de la taille une autre ligne droite.

Façonner ensuite la ligne comme l'indique le cliché.

Le côté du dos a été préalablement rélargi, plus ou moins selon l'ampleur désirée.

Dans l'angle de la profondeur d'emmanchure et de la largeur de carrure, marquer une coche de montage.

ÉTUDE DU MANTEAU *(Suite.)*

Forme raglan ample, emmanchure très basse

Mesures : 52, 39, 56, 6,
38 1/2, 118, 18 1/2

Fig. 82 bis

Formation du devant. — Comme pour le dos, se servir d'un devant de manteau ample, élargir le côté selon l'ampleur voulue et apporter les modifications suivantes :

Au niveau de la profondeur d'emmanchure, rentrer de la ligne du côté d'une moyenne de 5 cent. puis baisser la pointe de l'épaulette de 1 c. 1/2 et de ce point au point 5 ligne droite, et du point 5 au niveau de la taille également ligne droite.

Façonner ensuite la ligne comme l'indique le cliché.

Tous les autres points s'obtiennent et se façonnent, comme cela a déjà été décrit dans les études précédentes.

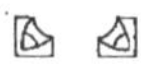

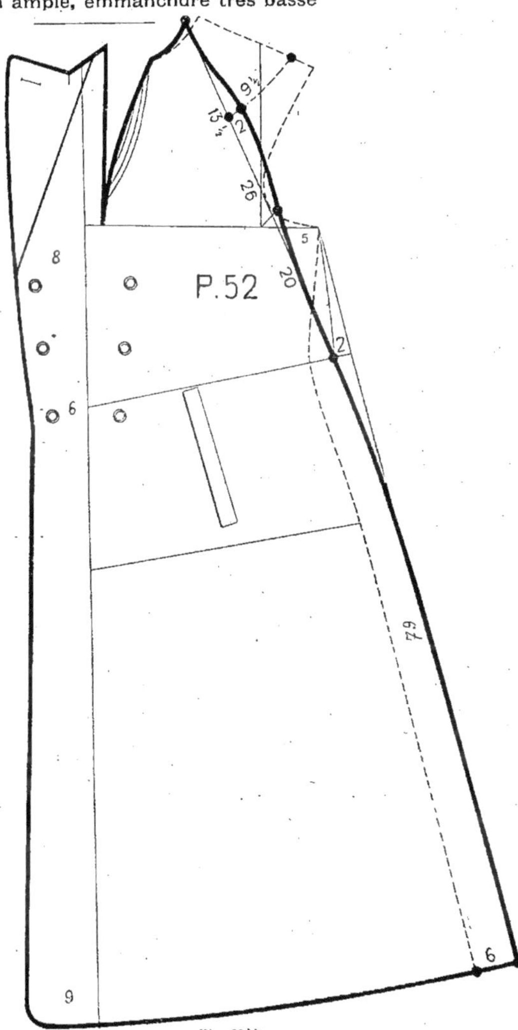

Fig. 82 bis

ÉTUDE DU MANTEAU *(Suite.)*

Forme raglan ample, emmanchure très basse

Fig. 83

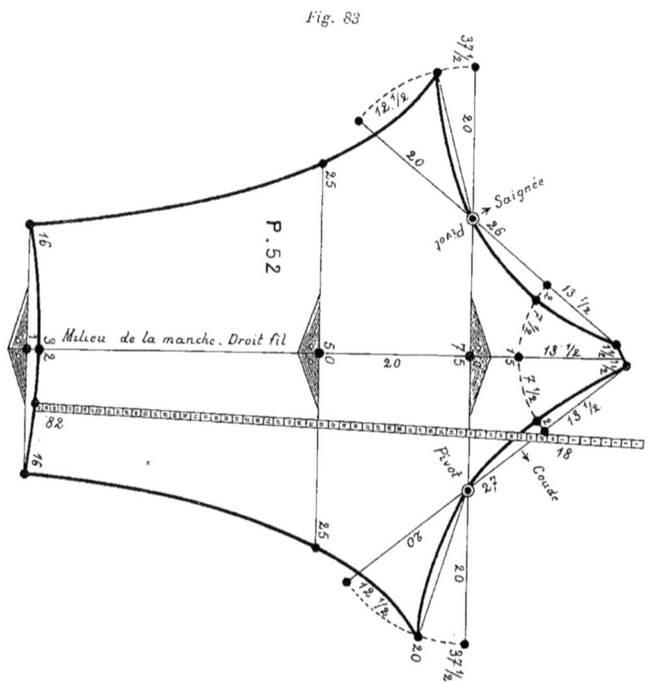

Fig. 83

Formation de la manche. — Tracer une ligne droite et former une ligne transversale bien d'équerre.

Largeur de la manche. — Sur la ligne transversale, appliquer trois fois la valeur du rectangle en répartissant autant d'un côté que de l'autre.

Pour notre tracé, rectangle de 25 cent. $\times$ 3 = 75 cent., soit 37 c. 1/2 par côté.

Formation de la tête de manche. — Des deux points 37 1/2 rentrer de la valeur trouvée sur le dos et le devant, depuis la taille à la coche de montage, soit 20 cent. de ce point.

Placer du côté du dos la mesure trouvée sur celui-ci, depuis la coche de montage et la pointe d'encolure, soit 27 cent., et former un arc de cercle.

Sur le devant, la mesure nous donne 26 cent. Appliquer cette mesure de la même façon que celle du dos.

La jonction des deux arcs de cercle détermine la hauteur de la pointe de manche.

Donner à cet endroit 1 c. 1/2 chaque côté de la ligne centrale, afin de remplacer l'étoffe enlevée au dos et au-devant.

Des deux points 20 qui forment pivot, tracer un arc de cercle, comme l'indique le cliché.

De la ligne d'équerre descendre de la valeur du point de pivot, soit 20 cent., et former une nouvelle ligne d'équerre transversale. A ce niveau, donner chaque côté de la ligne la valeur du rectangle, soit 25 cent., ce qui donne une totalité de 50 cent.

Largeur du bas. — Facultative, pour notre tracé 32 cent., soit 16 cent. chaque côté.

Façonnage des lignes par des courbes douces, comme l'indique le cliché.

La pointe de manche, dans la partie comprise des points de pivot à la partie supérieure, doit s'adapter exactement avec le dos et le devant.

La longueur s'applique comme à une manche ordinaire, en laissant dépasser la valeur de la carrure.

Pour déterminer le point de départ, il suffit de mesurer sur le dos la longueur qui existe de la pointe d'encolure au point de montage ordinaire et le reporter sur la manche, soit pour ce tracé, 17.

Étude du Macfarlan

Mesures : 48, 36, 52, 6, 37, 110, 17

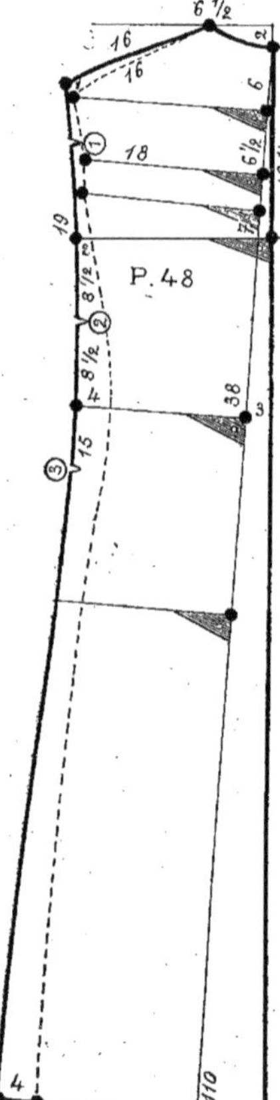

Fig. 84

Longueur de la pèlerine depuis le point d'encolure, passant sur l'épaule et couvrant le bas de manche du vêtement d'au moins 2 cent., soit 75 cent.

Le macfarlan se coupe à l'aide du manteau avec pince dans l'épaule, celle du dessous de bras est facultative, mais il est préférable de la faire pour donner de l'aisance aux hanches.

Formation du dos

Fig. 84

Remonter le bout de l'épaulette de 1 cent. et lui conserver sa largeur primitive, soit 16 cent.

Élargir à la taille et au bas d'une moyenne de 4 cent. et façonner les lignes comme l'indique le cliché ; au niveau de la profondeur d'emmanchure élargir de 2 cent.

Coches de montage. — N° 1, aplomb ordinaire de la manche. N° 2, la moitié entre la profondeur d'emmanchure et la ligne de taille. N° 3, d'après la mesure de la pèlerine, soit 15 cent. en dessous du n° 2.

ÉTUDE DU MACFARLAN *(Suite.)*

Mesures : 48, 36, 52, 6, 37, 110, 17

PÈLERINE 75

Formation du devant

Fig. 84 bis

Agrandissement de l'emmanchure. — De la ligne d'avancement d'emmanchure sortir de 2 cent. au niveau de l'épaulette. Avancement d'emmanchure augmenté de 1 cent.

Profondeur d'emmanchure. — A la moitié de l'intervalle compris entre la profondeur normale et la ligne de taille, soit 8 c. 1/2.

Élargissement du côté. — Au niveau du point 8 1/2 sortir de 2 cent., à la taille 3 cent., dans le bas 5 cent. Façonner l'emmanchure et le côté comme l'indique le cliché.

Coches de montage. — N° 2, niveau de la profondeur d'emmanchure. N° 3, d'après la mesure de la pèlerine, soit 15 cent.

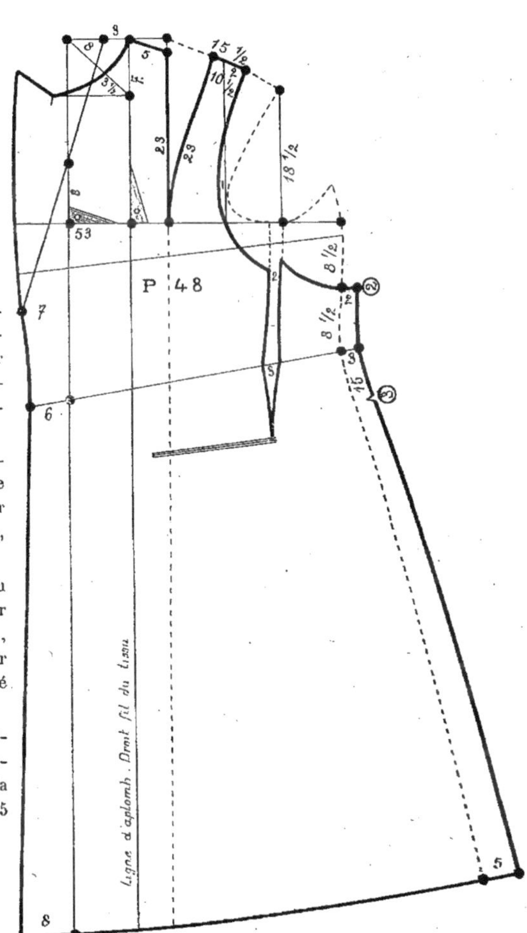

Fig. 84 bis

ÉTUDE DU MACFARLAN *(Suite.)*

Mesures : 48, 36, 52, 7, 37, 110, 17

PÈLERINE 75. — Formation de la pèlerine

Fig. 84 ter

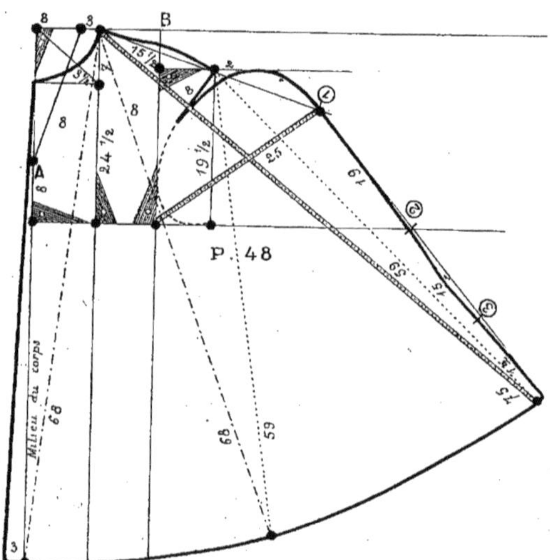

Fig. 84 ter

Formez un angle droit A B.

La ligne A représente le milieu du corps.

Point d'encolure. — Rentrer de la ligne A sur la ligne B de 1/6 de poitrine, soit 8 cent., ce qui forme le point d'encolure et tracer une ligne d'équerre sur B.

Profondeur d'emmanchure. — Depuis la ligne B, la mesure trouvée sur le dos plus 5 cent., soit 19 1/2 + 5 = 24 1/2.

A ce point, ligne d'équerre sur A.

Avancement d'emmanchure. — En arrière du point d'encolure 1/6 de poitrine, soit 8 cent.

Hauteur d'épaule. — Depuis la profondeur d'emmanchure, la mesure trouvée sur le devant plus 1 cent., soit 19 c. 1/2.

A ce point, ligne d'équerre.

Du point de l'encolure passant au point 19 1/2, ligne droite.

Réglage de l'épaulette. — 1/2 cent. de moins que celle du dos, soit 15 c. 1/2.

Largeur de la pèlerine. — De l'angle formé par les lignes de profondeur et d'avancement d'emmanchure et venant trouver l'inclinaison de l'épaulette; appliquer la largeur du rectangle pour manteau plus 1 cent., soit 25 cent., ce qui détermine la coche de montage n° 1.

La coche n° 2 se place sur la ligne de profondeur, en appliquant la mesure trouvée sur le dos entre le point 1 et le point 2, soit 19 cent. Tracer une ligne droite en touchant ces deux points.

Longueur. — Depuis le point d'encolure venant trouver la ligne biaisée, appliquer la mesure, soit 75 cent.

Arrondi du bas.— De la pointe d'épaulette au point 75 mesurer l'intervalle, nous trouvons 59 cent., reporter cette mesure en ligne perpendiculaire.

Puis mesure du point d'encolure au point 59 nous trouvons 68 cent., reporter cette mesure sur la ligne de milieu du corps et façonner le bas par une courbe douce.

Élargir le milieu du corps dans le bas de 3 cent., afin que la pèlerine n'ouvre pas.

A l'encolure, il faudra la découper dans la pente de la cassure du revers. Si l'on fait un col chevalière ou aiglon l'encolure suit celle du devant.

Sur le côté dans le bas, il faut laisser une partie flottante d'environ 1/4 de poitrine, soit 12 cent., ce qui détermine la coche n° 3; mesurer sur la pèlerine la valeur entre le point 2 et le point 3 nous trouvons 15 cent.; cette mesure se reporte sur le dos et sur le devant, c'est ce qui détermine les coches de montage n° 3.

Façonner ensuite la pèlerine comme l'indique le cliché.

Étude de la Jaquette kimono

Dos couture bretelle

Mesures : 48, 36, 52, 6, 37, 75, 17, 48, 72

Fig. 85

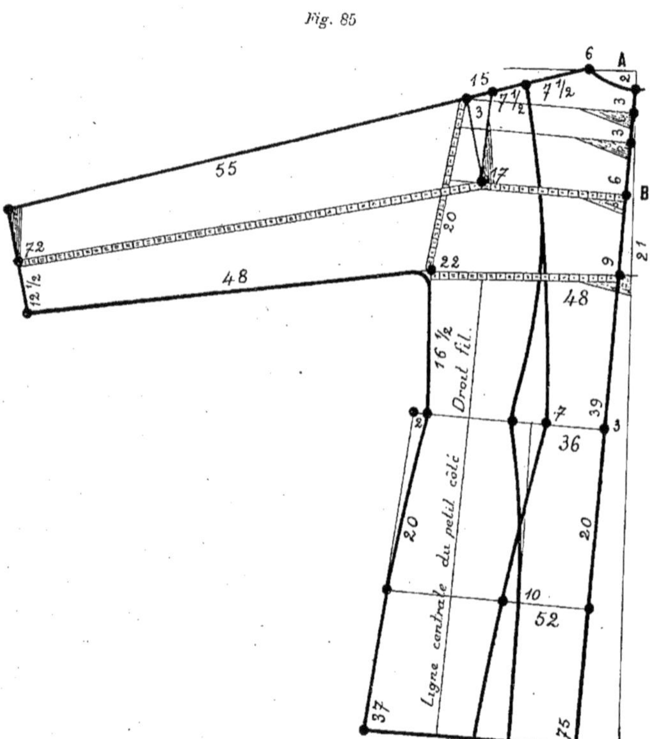

Fig. 85

En principe, la jaquette kimono n'est autre que la jaquette ordinaire avec manche attenante.

Pour cela, quelques modifications sont nécessaires afin de conserver l'aisance supprimée par le manque d'échancrure d'emmanchure.

Il est donc utile de donner un peu plus de hauteur d'épaule et d'approfondir un peu l'emmanchure, car le bras écarte l'ouverture qui lui est réservée et par son épaisseur fait baisser l'épaulette et remonter l'emmanchure. Le dessous de bras s'étant raccourci par l'augmentation de la profondeur d'emmanchure, il est bon de rallonger la taille de 2 cent.

Angle droit A B.

Creux d'encolure . . . . 2 c.

Largeur d'encolure du dos. — Pour cette taille. . . . . 6 c.

Descente d'épaules. — (Normales) . . . . 6 c.

Diviser cette mesure en deux parties égales, soit 3 cent. chaque.

Descente de carrure. — Pour cette taille . . . . 6 c.

Profondeur d'emmanchure. — 1/6 de poitrine plus 1 cent., soit . . . . 9 c.

Longueur de taille. — 37+2, soit. . . . . 39 c.

Ligne de bassin. — En dessous de la taille, invariablement. . . . . 20 c.

Longueur totale. — Facultative en moyenne. . . . . 75 c.

Carrure. — La mesure, soit. . . . . 17 c.

Pointe d'épaulette. — En avant de la carrure . . . . 3 c.

Ligne du dessus de manche. — Du point 6 passant au point 3, ligne droite.

Longueur de la manche. — Depuis le milieu du dos, la mesure comme l'indique le cliché, soit. . . . . 72 c.

A ce point, ligne d'équerre sur celle du dessus de manche.

Largeur du bas. — Selon la grosseur, soit . . . . 12 c. 1/2

Largeur du dos sous le bras. — La demi-poitrine moins 2 cent., soit. . . . . 22 c.

Ligne du dessous de manche. — Du point 22 au point 12 1/2, ligne droite.

N.-B. — Toute la partie du bas du dos et du petit côté, s'établit comme dans la jaquette ordinaire. Du reste, en étudiant un peu le cliché il est facile de former la partie du bas.

ÉTUDE DE LA JAQUETTE KIMONO (Suite.)

Devant couture bretelle

Mesures : 48, 36, 52, 6, 37, 75, 17, 48, 72

Fig. 85 bis

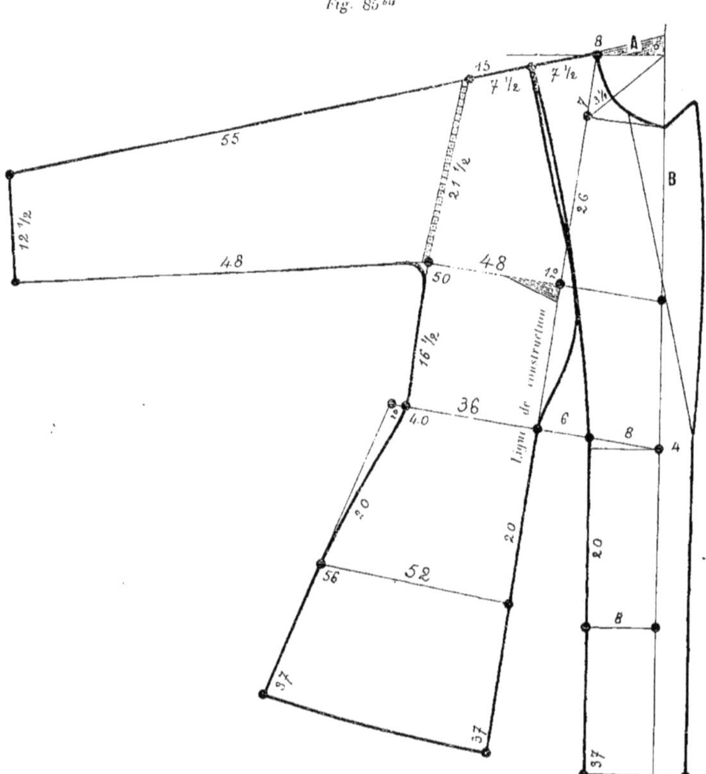

Fig. 85 bis

Le devant s'obtient par le report des mesures du dos.
Angle droit A B.
La ligne B forme le milieu du corps.

Encolure. — De la ligne B sur la ligne A rentrer de 1/6 de poitrine, soit. . . . . 8 c.

Descente d'encolure. — De A sur B 1/6 de poitrine moins 1 cent. en moyenne, soit. . 7 c.

Façonner l'encolure comme une jaquette classique.

Profondeur d'emmanchure. — Du point 8 et en descendant, appliquer la mesure du dos, 21 cent., prise de la nuque à la profondeur d'emmanchure, plus 5 cent., soit 26 c.

Ligne de construction. — Au niveau du point 26, rentrer de la ligne B de 1/4 de poitrine, soit. . . . . 12 c.

Du point 8 et passant à la jonction des points 12 et 26, ligne droite se prolongeant vers le bas.

Ligne de taille. — En dessous la profondeur d'emmanchure, même valeur qu'au dos, soit . . . . 16 c. 1/2

Ligne de bassin. — Invariablement 20 cent. en dessous celle de ceinture.

N.-B. — Les lignes de profondeur d'emmanchure, ceinture et bassin, se tracent d'équerre sur celle de construction.

Ligne de côté. — Par la grosseur de poitrine plus 2 cent., soit 50 cent. moins la largeur du dos et du petit côté.

A la ceinture, la mesure plus 4 cent., soit 40 cent. moins la largeur du dos et du petit côté.

La mesure de bassin s'applique comme celles de poitrine et de ceinture, soit. 56 c.

Panneau du devant. — Largeur facultative, en moyenne 1/6 de poitrine, soit. . . . . 8 c.

Pince. — Le côté arrière de la pince se trouve généralement sur la ligne de construction.

Valeur de la pince. — La force de la pince correspond généralement à la moitié de la différence entre la poitrine et la ceinture.

Hauteur d'épaules. — Même valeur que celle du dos plus 1 c. 1/2, soit 20 + 1 1/2. . . 21 c. 1/2

Appliquer cette mesure de la profondeur d'emmanchure en remontant.

Largeur d'épaulette. — La même que celle du dos, soit . . . . 15 c.

Appliquer cette mesure partant du point 8 venant trouver le point 21 1/2.

Ligne du dessus de manche. — Du point 8 passant aux points 15 et 21 1/2, ligne droite se prolongeant d'une longueur égale à celle du dos, soit 55 cent. en partant du point 15.

Largeur du bas. — Égale à celle du dos, soit . . . . 12 c. 1/2

Ligne du dessous de manche. — Du point 50 au point 12 1/2 ligne droite d'une valeur égale à celle du dos, soit. . . . . 48 c.

Pour le façonnage des lignes il suffit de regarder le cliché.

N.-B. — La pince du devant peut s'arrêter au niveau de la poitrine.

La croisure et le revers se façonnent comme à la jaquette classique.

Au dos et au-devant, adoucir l'angle de jonction de la manche et du corps.

ÉTUDE DE LA JAQUETTE KIMONO *(Suite.)*

Mesures : 42, 32, 46, 6, 34, 72, 15 1/2, 44, 68

Fig. 86 et 86 bis

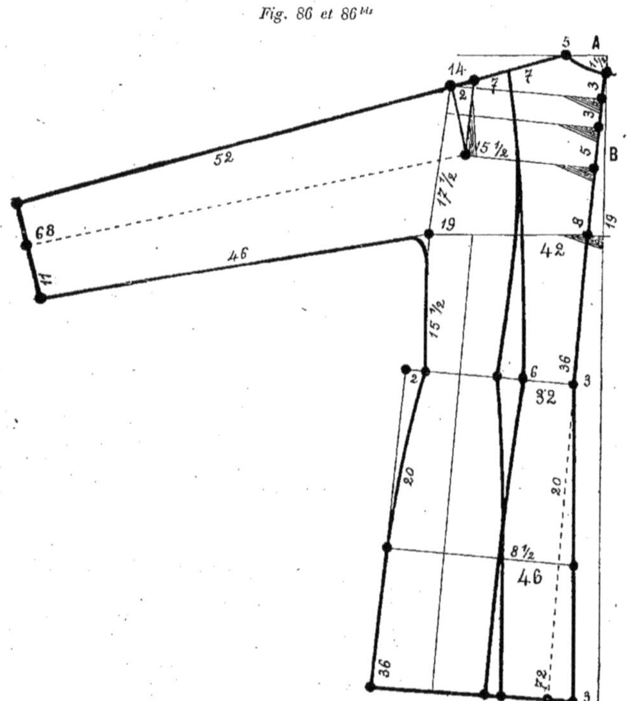

Fig. 86

Dos avec couture au milieu ; c'est la seule variation avec le modèle précédent.

Bien étudier ces deux clichés, dont les chiffres sont tous des centimètres et vous reproduirez facilement cette taille en vous inspirant des détails décrits précédemment.

ÉTUDE DE LA JAQUETTE KIMONO *(Suite.)*

Fig. 86 bis

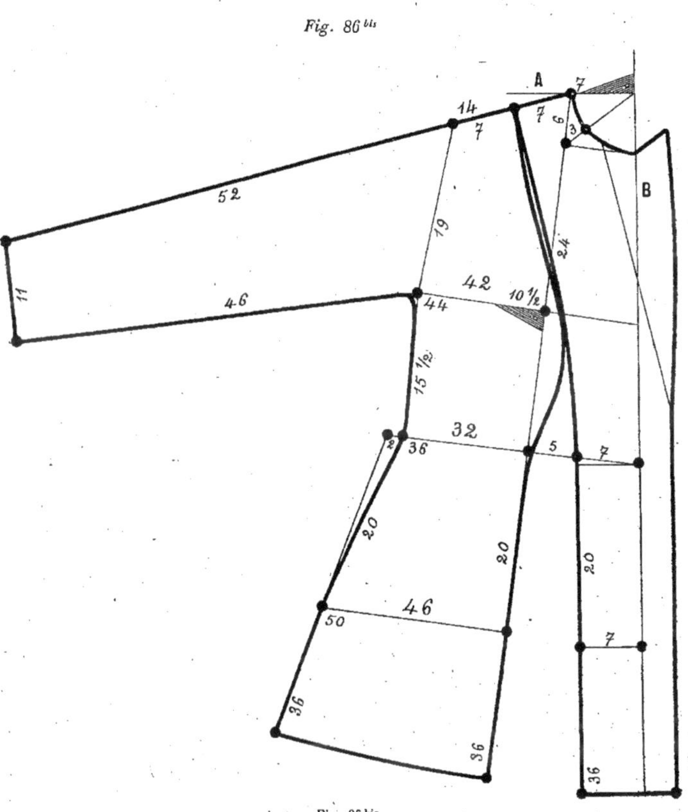

Fig. 86 bis

Le devant de cette jaquette est de forme droite avec 4 cent. de croisure environ. Pour la forme croisée, 7 à 8 cent. sont nécessaires.

ÉTUDE DE LA JAQUETTE KIMONO *(Suite.)*

Mesures : 54, 42, 58, 6, 39, 78, 18 1/2, 50, 77

Fig. 87 et 87 bis

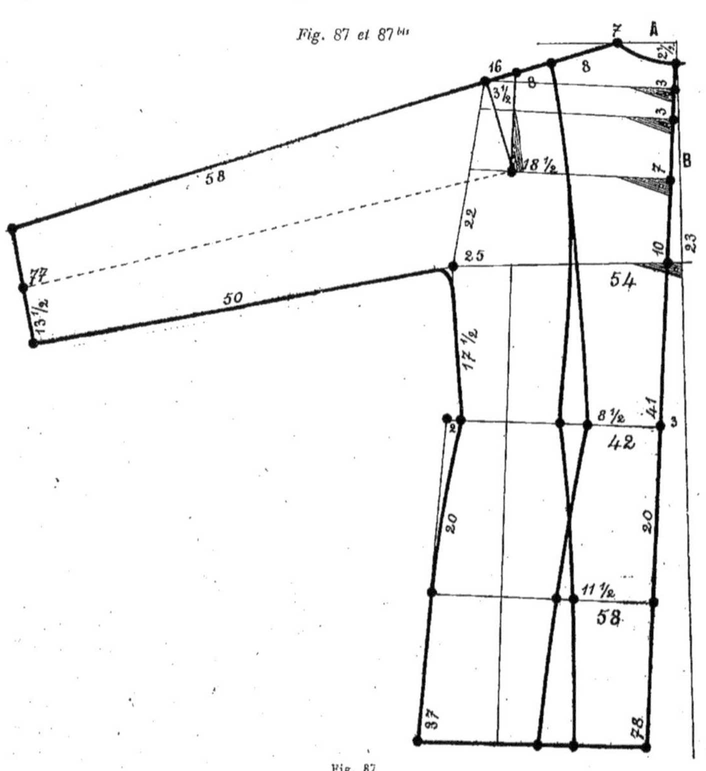

Fig. 87

Ce modèle de grosse taille s'établit comme les précédents ; il n'y a qu'à appliquer les mesures et bien voir les chiffres du cliché.

ÉTUDE DE LA JAQUETTE KIMONO *(Suite.)*

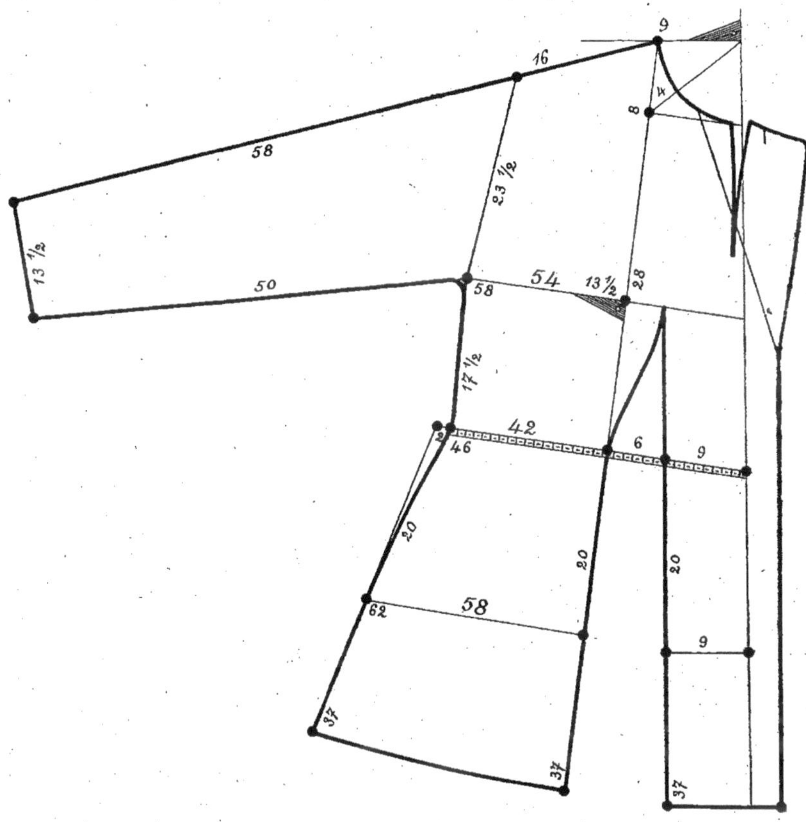

Fig. 87 bis

La pince du devant s'arrête au niveau de la profondeur d'emmanchure, mais on peut la faire bretelle si on le désire, cela ne dérange rien au modèle.

N.-B. — Vu la forte poitrine, nous avons pratiqué une pince dans l'encolure. Cette pince peut également se faire dans des poitrines ordinaires, lorsque l'on fait de très longs revers ou des vêtements croisés.

ÉTUDE DE LA JAQUETTE KIMONO *(Suite.)*

Mesures : 44, 34, 48, 6, 35, 74, 16, 45, 70

Fig. 88

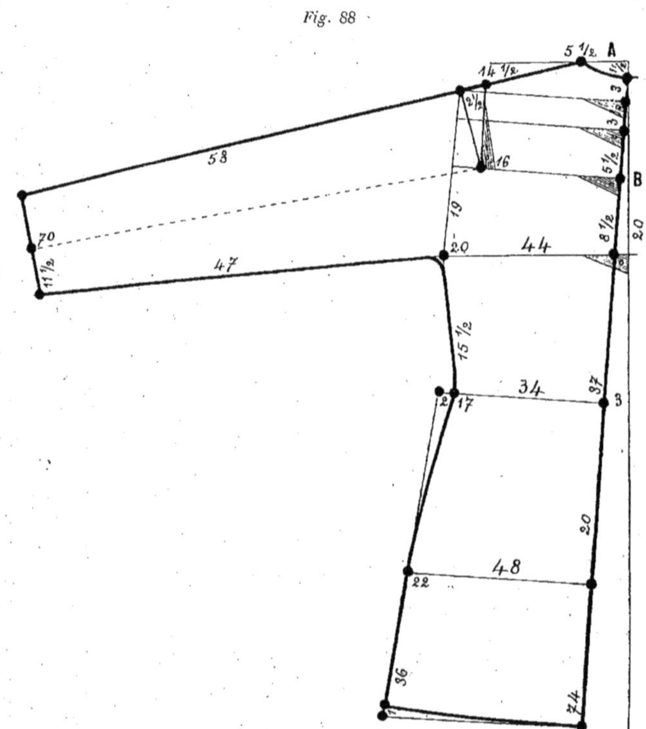

Fig. 88

Dos d'une seule pièce sans couture au milieu. — On peut en faire une en employant le principe de la figure 86. Le haut du dos ne varie pas.

Largeur du dos à la ceinture. — La demi-grosseur, soit 17 cent.

Largeur du dos au bassin. — La demi-grosseur moins 2 cent., soit 22 cent.

Il est bien entendu que cette largeur peut s'augmenter si l'on désire des godets sur les hanches.

ÉTUDE DE LA JAQUETTE KIMONO *(Suite.)*

Mesures : 44, 34, 48, 6, 35, 74, 16, 45, 70

Fig. 88 bis

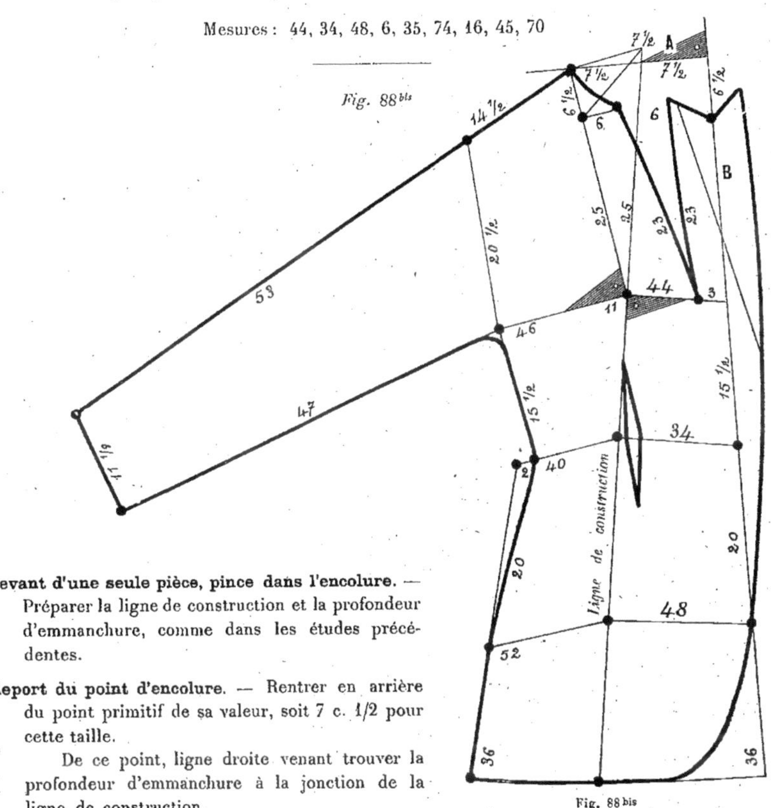

Fig. 88 bis

Devant d'une seule pièce, pince dans l'encolure. — Préparer la ligne de construction et la profondeur d'emmanchure, comme dans les études précédentes.

Report du point d'encolure. — Rentrer en arrière du point primitif de sa valeur, soit 7 c. 1/2 pour cette taille.

De ce point, ligne droite venant trouver la profondeur d'emmanchure à la jonction de la ligne de construction.

Réglage des longueurs. — Du point de jonction, mesurer la longueur au point d'encolure primitif, soit 25 cent. Reporter cette mesure sur le nouveau point. La partie arrière de la profondeur d'emmanchure sera d'équerre sur cette nouvelle ligne.

Les lignes de ceinture et de bassin suivront la même inclinaison.

L'écart des lignes fournit la valeur de la pince que l'on place juste derrière la cassure, comme l'indique le cliché.

On peut également pratiquer dans le milieu du devant une petite pince de cintrage; celle-ci est facultative.

Régler tous les autres points par le même principe des études précédentes.

ÉTUDE DE LA JAQUETTE KIMONO *(Suite.)*

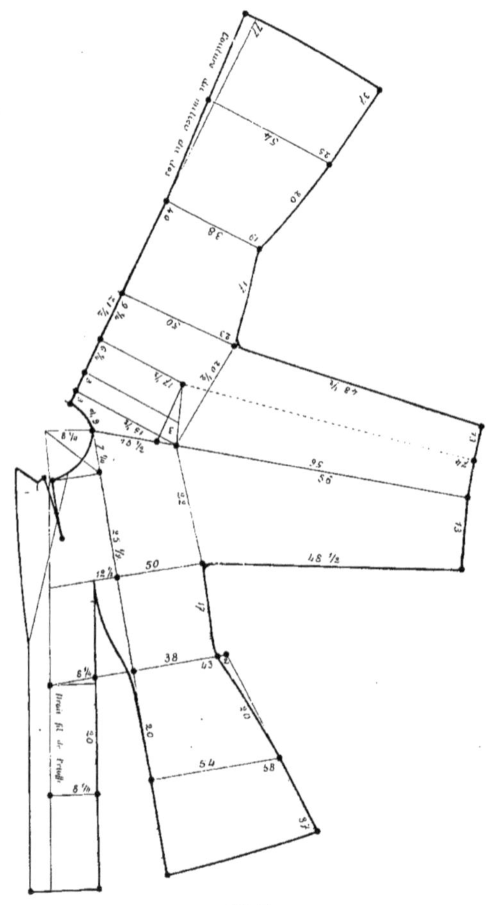

Fig. 89

ÉTUDE DE LA JAQUETTE KIMONO *(Suite.)*

Mesures : 50, 38, 54, 6, 38, 77, 17 1/2, 49, 74

Fig. 89

Jaquette d'une seule pièce avec couture au milieu du dos.

Placer le devant sur le droit fil du tissu, puis joindre le dos au-devant sur la ligne du dessus de manche.

Ceci supprime la couture d'épaule mais laisse le milieu du dos un peu biaisé.

C'est l'inconvénient de ce genre.

N.-B. — C'est à l'aide d'un modèle ordinaire que l'on doit couper cette jaquette.

Étude du manteau kimono
Dos ordinaire, devant couture bretelle

Mesures : 48, 36, 52, 6, 37, 120, 17, 49, 75

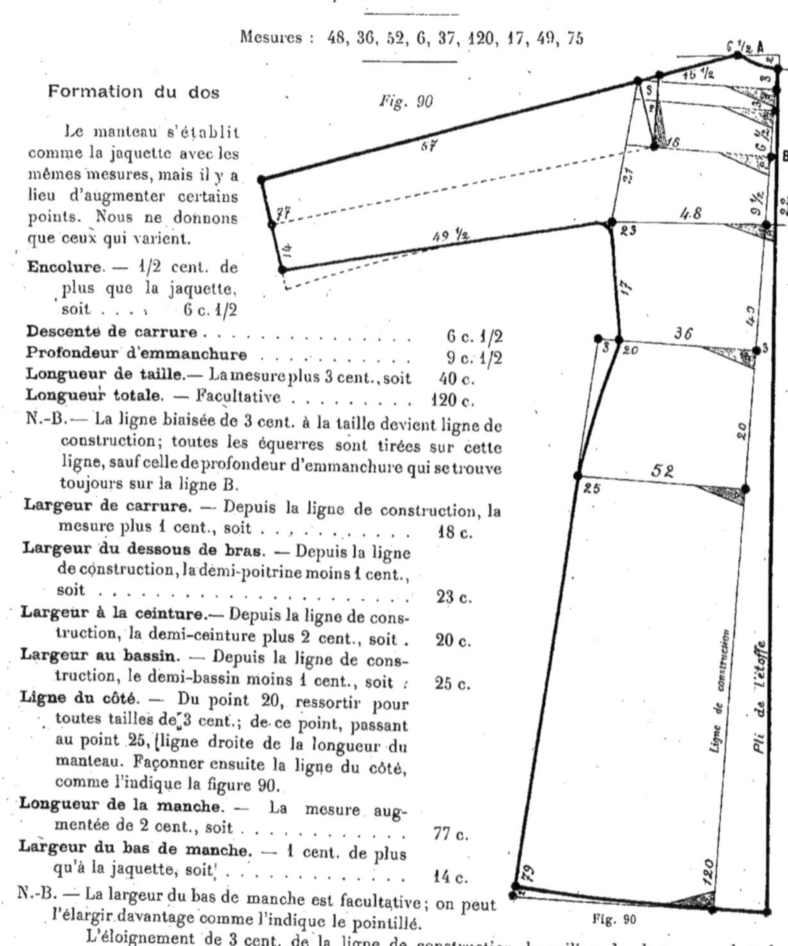

Fig. 90

Formation du dos

Le manteau s'établit comme la jaquette avec les mêmes mesures, mais il y a lieu d'augmenter certains points. Nous ne donnons que ceux qui varient.

Encolure. — 1/2 cent. de plus que la jaquette, soit . . . . 6 c. 1/2

Descente de carrure . . . . 6 c. 1/2

Profondeur d'emmanchure . . . . 9 c. 1/2

Longueur de taille.— La mesure plus 3 cent., soit 40 c.

Longueur totale. — Facultative . . . . 120 c.

N.-B. — La ligne biaisée de 3 cent. à la taille devient ligne de construction; toutes les équerres sont tirées sur cette ligne, sauf celle de profondeur d'emmanchure qui se trouve toujours sur la ligne B.

Largeur de carrure. — Depuis la ligne de construction, la mesure plus 1 cent., soit . . . . 18 c.

Largeur du dessous de bras. — Depuis la ligne de construction, la demi-poitrine moins 1 cent., soit . . . . 23 c.

Largeur à la ceinture.— Depuis la ligne de construction, la demi-ceinture plus 2 cent., soit . 20 c.

Largeur au bassin. — Depuis la ligne de construction, le demi-bassin moins 1 cent., soit . 25 c.

Ligne du côté. — Du point 20, ressortir pour toutes tailles de 3 cent.; de ce point, passant au point 25, ligne droite de la longueur du manteau. Façonner ensuite la ligne du côté, comme l'indique la figure 90.

Longueur de la manche. — La mesure augmentée de 2 cent., soit . . . . 77 c.

Largeur du bas de manche. — 1 cent. de plus qu'à la jaquette, soit . . . . 14 c.

N.-B. — La largeur du bas de manche est facultative; on peut l'élargir davantage comme l'indique le pointillé.

L'éloignement de 3 cent. de la ligne de construction du milieu du dos a pour but de laisser un godet au milieu du dos, ce qui donne de l'aisance au manteau.

Si l'on désire un manteau plus ajusté, former le milieu du dos sur la ligne de construction

ÉTUDE DU MANTEAU KIMONO *(Suite.)*

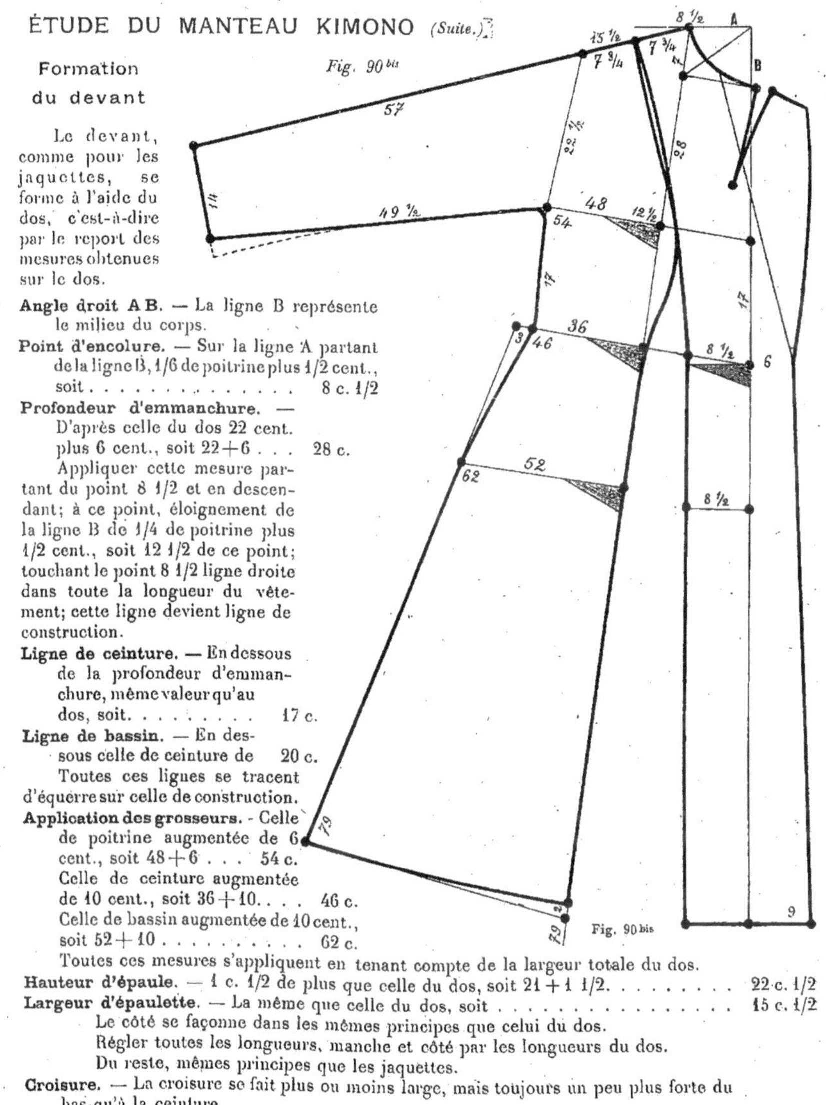

Fig. 90 bis

Fig. 90 bis

Formation du devant

Le devant, comme pour les jaquettes, se forme à l'aide du dos, c'est-à-dire par le report des mesures obtenues sur le dos.

Angle droit A B. — La ligne B représente le milieu du corps.

Point d'encolure. — Sur la ligne A partant de la ligne B, 1/6 de poitrine plus 1/2 cent., soit . . . . 8 c. 1/2

Profondeur d'emmanchure. — D'après celle du dos 22 cent. plus 6 cent., soit 22 + 6 . . . 28 c.

Appliquer cette mesure partant du point 8 1/2 et en descendant; à ce point, éloignement de la ligne B de 1/4 de poitrine plus 1/2 cent., soit 12 1/2 de ce point; touchant le point 8 1/2 ligne droite dans toute la longueur du vêtement; cette ligne devient ligne de construction.

Ligne de ceinture. — En dessous de la profondeur d'emmanchure, même valeur qu'au dos, soit. . . . . 17 c.

Ligne de bassin. — En dessous celle de ceinture de 20 c.

Toutes ces lignes se tracent d'équerre sur celle de construction.

Application des grosseurs. - Celle de poitrine augmentée de 6 cent., soit 48 + 6 . . . 54 c.

Celle de ceinture augmentée de 10 cent., soit 36 + 10. . . . 46 c.

Celle de bassin augmentée de 10 cent., soit 52 + 10 . . . . 62 c.

Toutes ces mesures s'appliquent en tenant compte de la largeur totale du dos.

Hauteur d'épaule. — 1 c. 1/2 de plus que celle du dos, soit 21 + 1 1/2. . . . . 22 c. 1/2

Largeur d'épaulette. — La même que celle du dos, soit . . . . 15 c. 1/2

Le côté se façonne dans les mêmes principes que celui du dos.

Régler toutes les longueurs, manche et côté par les longueurs du dos.

Du reste, mêmes principes que les jaquettes.

Croisure. — La croisure se fait plus ou moins large, mais toujours un peu plus forte du bas qu'à la ceinture.

ÉTUDE DU MANTEAU KIMONO *(Suite.)*

Dos avec couture au milieu. — Devant avec pince dans l'encolure

Mesures : 60, 51, 64, 6, 40, 125, 20, 51, 82

Fig. 91

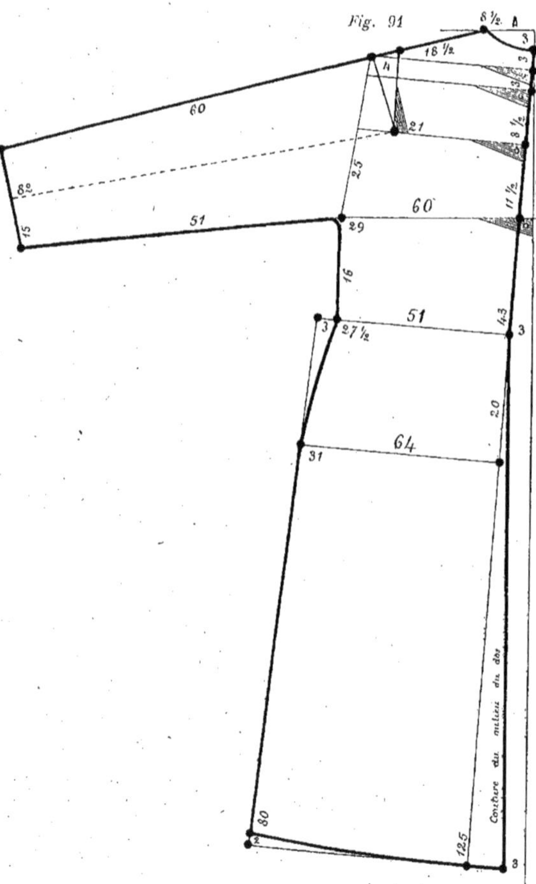

Fig. 91

Le dos s'établit par les mêmes principes que le précédent ; les mesures seules varient.

La couture au milieu du dos formera un genre moins vague.

Pour l'obtenir, tracer depuis la longueur de taille jusqu'au bas une ligne parallèle à la ligne B, c'est-à-dire s'éloignant régulièrement de 3 cent.

ÉTUDE DU MANTEAU KIMONO *(Suite.)*

Formation du devant

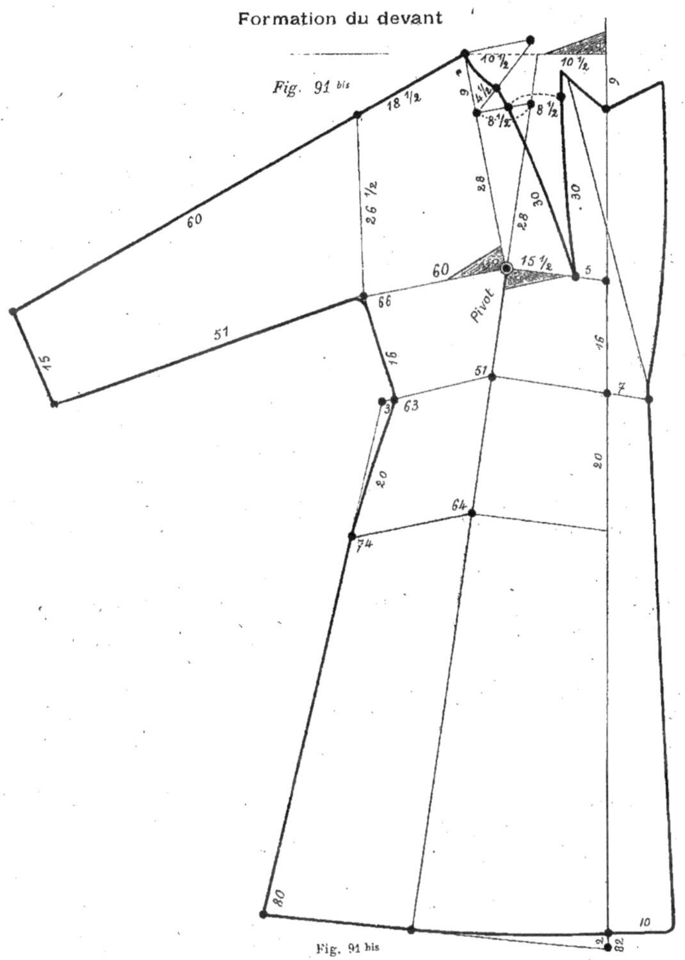

Fig. 91 bis

Le point de départ comme le manteau avec pince ordinaire.
La variation se pratique de même façon que la jaquette.
Tenir compte seulement des différences de mesures du manteau à la jaquette.

Manteau Cape ample

Mesures : 48, 36, 52, 6, 37, 110, 17, 72

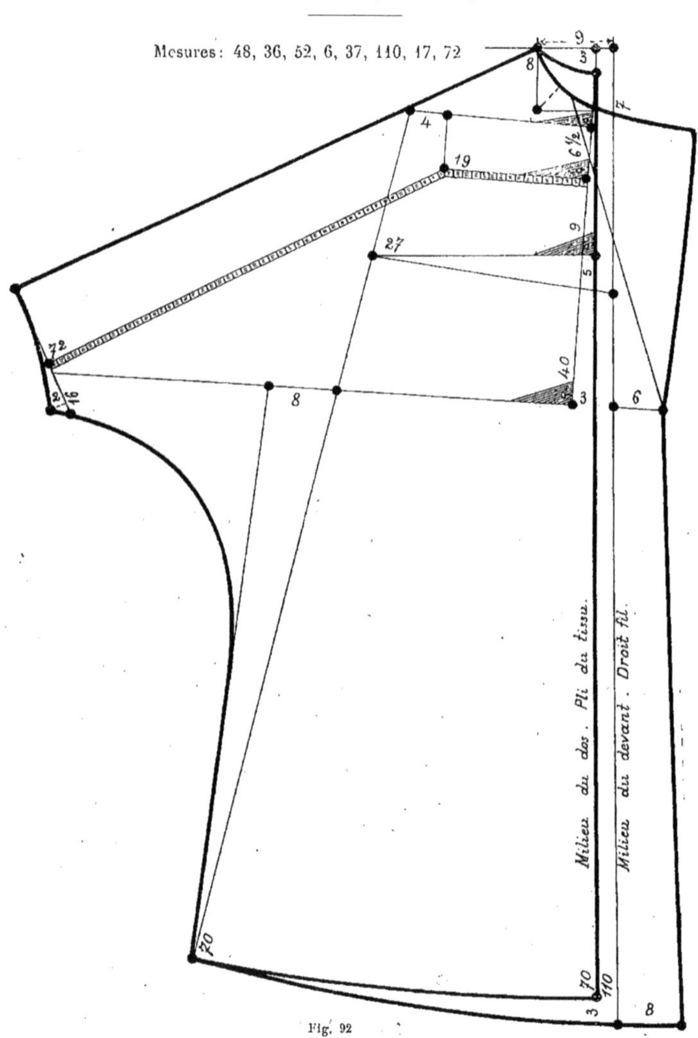

Fig. 92

MANTEAU CAPE AMPLE *(Suite.)*

Fig. 92

Tracer une ligne droite qui représente le milieu du devant ainsi que le droit fil du tissu.

Former dans le haut une ligne d'équerre.

Pointe d'encolure. — En dedans du milieu du corps, 1/6 de poitrine plus 1 cent., soit. 9 c.

Creux d'encolure du dos. . . . . 3 c.

Largeur d'encolure du dos. — Du point 9 au point 3, 1/6 de poitrine, soit . . . . . . 8 c.

De ce point jusqu'à la longueur totale, ligne parallèle à celle du milieu du devant.

Longueur de taille. — La mesure 37 + 3. . . . . 40 c.

A ce point, éloignement de 3 cent. Du point de l'encolure du dos au point 3, ligne droite.

Descente d'épaule. — (Normale.) . . . . 6 c.

Descente de carrure. — 1/6 de poitrine moins 1 c. 1/2, soit . . . . 6 c. 1/2

A ces deux points, ligne d'équerre sur la ligne biaisée.

Profondeur d'emmanchure. — 1/6 de poitrine plus 1 cent., soit . . . . 9 c.

A ce point, ligne d'équerre sur la ligne droite.

Largeur de carrure. — 17 + 2, soit . . . . 19 c.

Pointe d'épaule. — En avant de la carrure, 4 cent. pour tailles moyennes.

Ligne d'épaule et de dessus de manche. — Depuis la pointe d'encolure passant au point 4 et se prolongeant jusqu'à la longueur totale . . . . 72 c.

Largeur du bas de manche. — En moyenne . . . . 16 c.

Largeur du dos au niveau de la profondeur d'emmanchure. — La demi-poitrine plus 3 cent., soit . . . . 27 c.

La largeur du devant se détermine d'elle-même par la ligne du milieu du corps qui est déjà tracée.

Ligne de côté. — Du point 4 passant au point 27, ligne droite qui détermine l'ampleur du bas.

Ampleur supplémentaire à la taille, 1/6 de poitrine, soit. . . . . 8 c.

Façonner le côté et le dessous de manche, comme l'indique le cliché. Le devant se rallonge de 3 cent. du bas du dos.

Le réglage des longueurs se fait comme pour tous les autres manteaux.

La croisure est facultative, mais toujours plus forte de 2 cent. dans le bas qu'en haut.

Étude de la cape, couture sur l'épaule

Mesures : 48, 6, 37, 110, 17

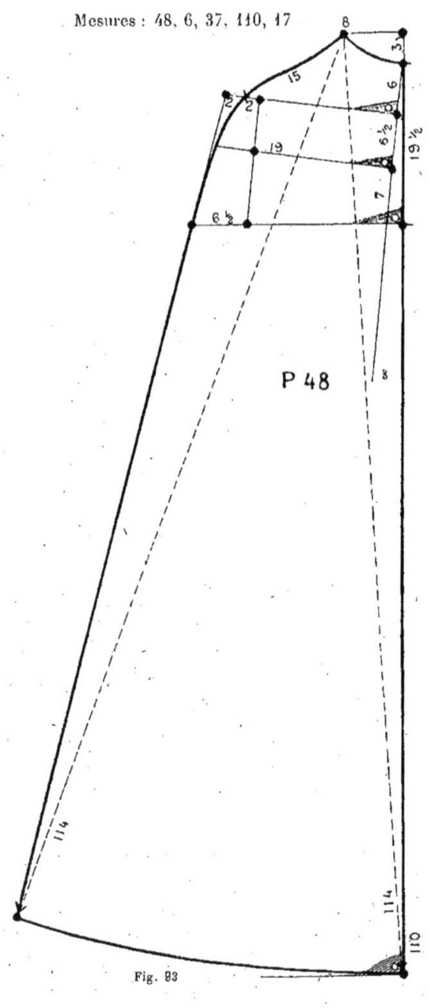

Fig. 93

ÉTUDE DE LA CAPE, COUTURE SUR L'ÉPAULE *(Suite.)*

Formation du dos

Fig. 93

Ligne du milieu du dos. — Pli du tissu. Dans le haut former l'équerre.

Creusage de l'encolure du dos. — Pour tailles moyennes . . . . 3 c.

Largeur de l'encolure. — 1/6 de poitrine, soit . . . . 8 c.

Longueur de taille. — La mesure, soit . . . . 37 c.
A ce point, éloigner du pli du tissu, 3 cent. De ce point à la nuque, ligne droite qui devient ligne de construction.

Descente d'épaules. — Conformation normale . . . . 6 c.

Descente de carrure. — Même principe que les manteaux, soit . . . . 6 c. 1/2
A ces deux points, ligne d'équerre sur celle de construction.

Ligne de profondeur d'emmanchure. — 1/6 de poitrine moins 1 cent., soit . . . . . . 7 c.
A ce point, ligne d'équerre sur le pli du tissu.

Largeur de carrure. — La mesure plus 2 cent., soit . . . . 19 c.
A ce point, ligne d'équerre sur celle de carrure.

Pointe d'épaulette. — En avant de la carrure, 2 cent. pour tailles moyennes.

Largeur du dos. — Au niveau de la profondeur d'emmanchure, depuis la carrure, le demi-diamètre d'emmanchure, soit . . . . 6 c. 1/2

Ligne du côté. — De la pointe d'épaulette, sortir de sa valeur soit 2 cent. pour tailles moyennes. Du point 2 passant au point 6 1/2, ligne droite se prolongeant jusqu'à la longueur totale.

Réglage du bas. — Du point 8 encolure à la longueur totale au milieu du dos. . . . . 114 c.
Reporter cette mesure sur le côté et façonner le bas par une courbe douce.

ÉTUDE DE LA CAPE, COUTURE SUR L'ÉPAULE *(Suite.)*

Mesures : 48, 6, 37, 110, 17

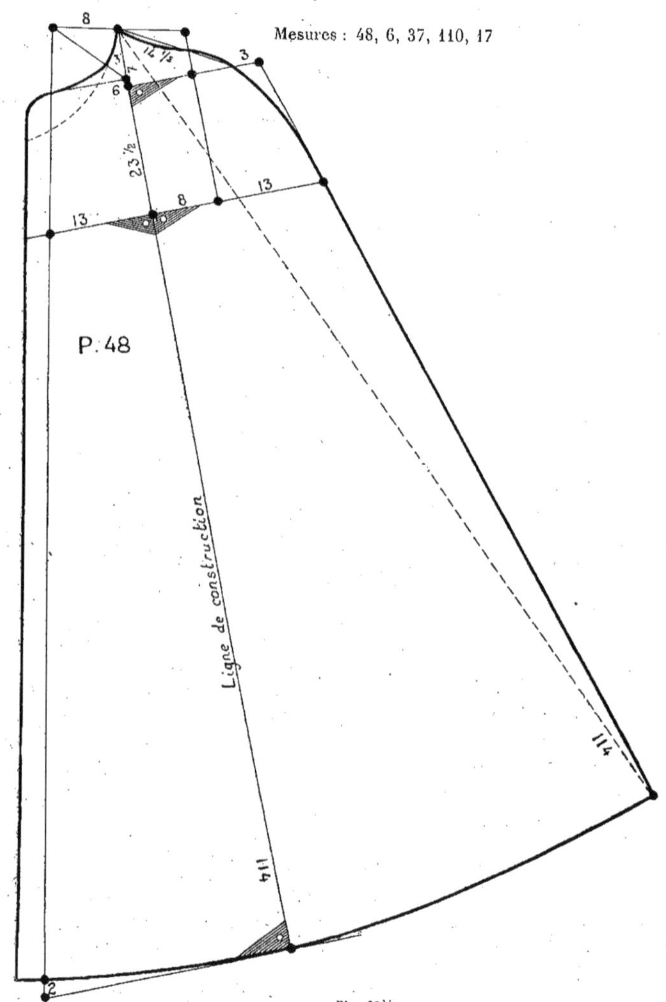

Fig. 98 bis

ÉTUDE DE LA CAPE, COUTURE SUR L'ÉPAULE *(Suite.)*

Formation du devant

Fig. 93 bis

Le bord du devant se place sur le droit fil du tissu. Le milieu du corps se place de 2 à 4 cent. en arrière, selon la croisure que l'on désire.

Former une ligne d'équerre sur celle du milieu du devant.

Point d'encolure. — Éloignement du milieu du corps, 1/6 de poitrine, soit . . . . . . 8 c.

Descente d'encolure. — 1/6 de poitrine moins 2 cent., soit . . . . 6 c.

Cette mesure est variable selon le genre que l'on désire; voyez le pointillé du cliché.

Abattement de l'épaulette. — 1/6 de poitrine moins 1 cent., soit . . . . 7 c.

A ce point, ligne d'équerre sur celle de construction.

Profondeur d'emmanchure. — 4 cent. de plus qu'au dos pour tenues normales, soit 19 1/2+4 . . . . 23 c. 1/2

A ce point, ligne d'équerre sur celle de construction.

Ligne de construction. — Au niveau de la profondeur d'emmanchure, rentrer de la ligne de milieu du corps de 1/4 de poitrine plus 1 cent., soit. . . . . 13 c.

Du point 8 en passant au point 13, ligne droite dans toute la longueur du vêtement.

Largeur du devant. — Depuis la ligne de construction 1/6 de poitrine, soit . . . . . . 8 c.

Du point 8, valeur du diamètre d'emmanchure, soit . . . . 13 c.

Largeur d'épaulette. — 1/2 cent. en moins que celle du dos, soit. . . . . 14 c. 1/2

Ligne du côté. — Du point 14 1/2 sortir de 3 cent. pour toutes tailles. Du point 3 passant au point 13, ligne droite d'une longueur égale à celle du dos.

Réglage des longueurs. — Du point 8 au côté du devant, même longueur qu'au dos, soit . . . . 114 c.

Reporter cette mesure sur la ligne de construction.

A ce point venant vers le devant, ligne d'équerre sur celle de construction.

Façonnage du bas. — Partir du côté en traçant une courbe douce qui touche le point 114 de la ligne de construction et remonter de la ligne d'équerre sur le devant de 2 cent.

Ce genre de cape peut se faire avec empiècement.

Étude de la cape, genre rotonde

Mesures : 48, 6, 37, 110, 17

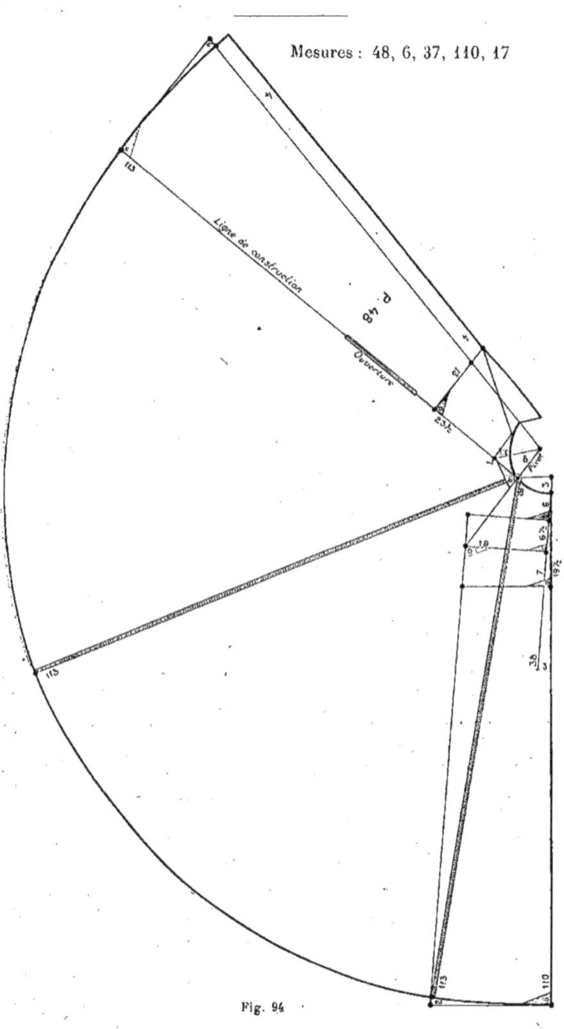

Fig. 94

ÉTUDE DE LA CAPE, GENRE ROTONDE *(Suite.)*

Fig. 94

Le milieu du dos représente le pli du tissu; sur cette ligne tracer un petit trait d'équerre.

Creusage du dos . . . . 3 c.

Encolure du dos. — 1/6 de poitrine, soit. . . . . 8 c.

Longueur de taille. — La mesure plus 1 cent., soit . . . . 38 c.

A ce point, éloignement du milieu du dos de 3 cent.

De la nuque au point 3 ligne droite sur laquelle la descente d'épaule et la descente de carrure sont tracées d'équerre.

Descente d'épaules. — (Normales.). . . . . 6 c.

Descente de carrure. — 1/6 de poitrine moins 1 c. 1/2, soit . . . . 6 c. 1/2

Ligne de profondeur d'emmanchure. — 1/6 de poitrine moins 1 cent., soit. . . . . . 7 c.

Ce point d'équerre sur le milieu du dos.

Largeur de carrure. — La mesure plus 2 cent., soit . . . . 19 c.

A ce point, ligne d'équerre sur celle de carrure et se prolongeant jusqu'au bas de la cape.

Formation du devant

Du point 19 carrure, passant au point 8 encolure du dos, ligne droite.

Ligne de construction. — Part du point 8 et d'équerre sur celle qui part de la carrure à la pointe d'encolure du dos.

Vérification de la tenue. — Dos 19 c. 1/2, devant 4 cent. en plus, soit. . . . . 23 c. 1/2

Ligne du milieu du corps. — Au point 23 1/2 sortir de 1/4 de poitrine plus 1 cent., soit. . . . . 13 c.

Du point 8, encolure du dos sortir 1/6 de poitrine, soit. . . . . 8 c.

De ce point passant au point 13, ligne droite.

Réglage du bas. — De la pointe d'encolure du dos qui devient point de pivot, mesurer jusqu'au bas du côté du dos en diminuant 2 cent. Reporter la même mesure sur le côté de la cape et sur la ligne de construction.

De la ligne de construction au-devant, trait d'équerre et remonter de 2 cent.

Croisure 4 cent. en moyenne.

Étude des empiècements

pour capes et manteaux

Grosseur de poitrine : 48

Fig. 95, 95 bis

96 et 96 bis

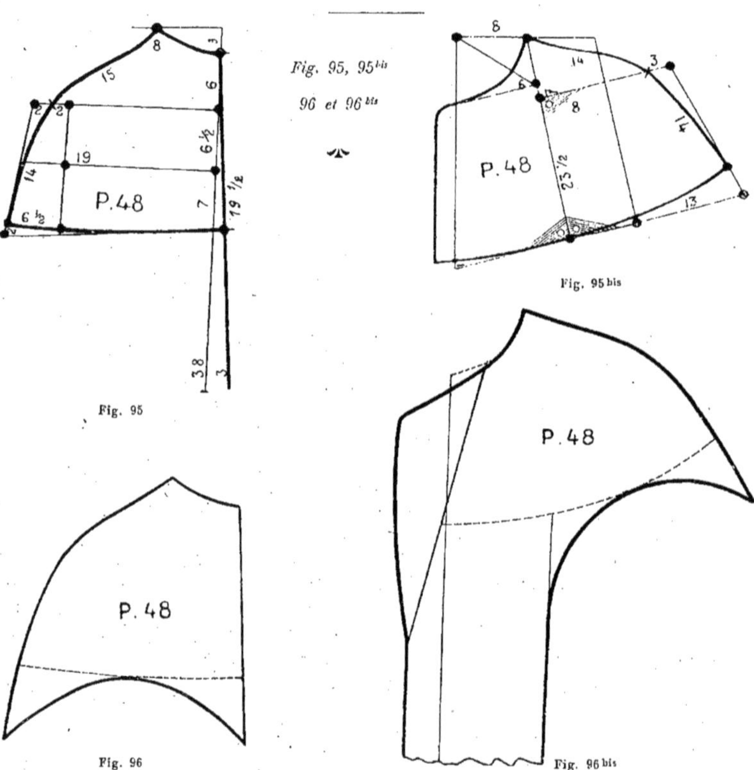

Fig. 95

Fig. 95 bis

Fig. 96

Fig. 96 bis

Ce genre d'empiècement s'établit comme la cape avec couture sur l'épaule (fig. 93 et 93 *bis*).
La largeur moyenne s'arrête au niveau de la profondeur d'emmanchure.
Le côté du dos règle le côté du devant (voyez cliché).
Il peut se façonner dans le genre des figures 96 et 96 *bis* ou d'autres genres de fantaisie.

ÉTUDE DES EMPIÈCEMENTS

pour capes et manteaux *(Suite.)*

Grosseur de poitrine : 48

Fig. 97 et 97 bis

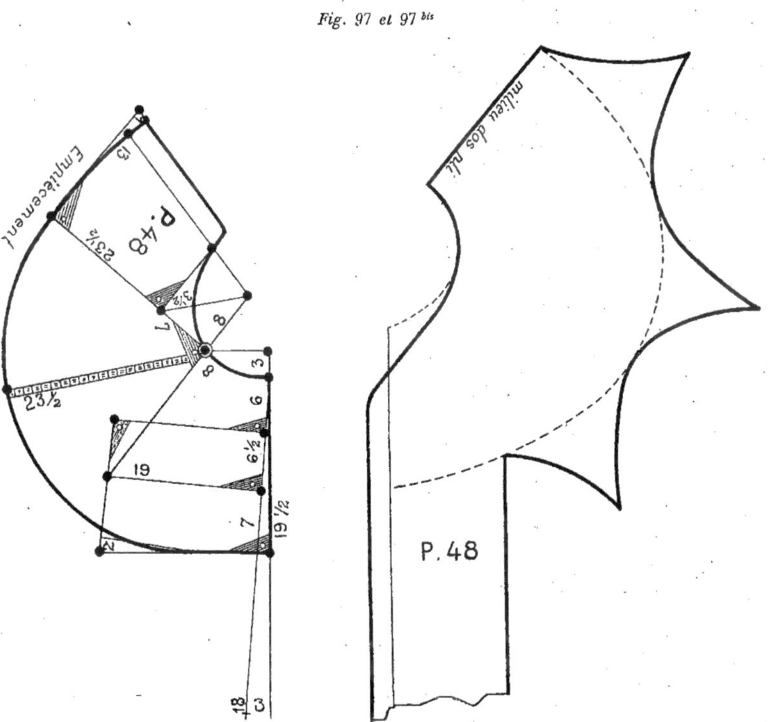

Fig. 97

Fig. 97 bis

Cet empiècement se trace dans le principe de la cape rotonde ; sa longueur moyenne s'arrête au niveau de la profondeur d'emmanchure.

Réglage de la longueur. — Du point 8, mesurer la longueur au milieu du dos, la reporter sur l'épaule et sur la ligne de construction et façonner le bas comme l'indique le cliché.

Ce genre peut se varier par des fantaisies comme l'indique la figure 97 *bis*.

Étude du Gilet

Grosseur de poitrine : 48

Fig. 98

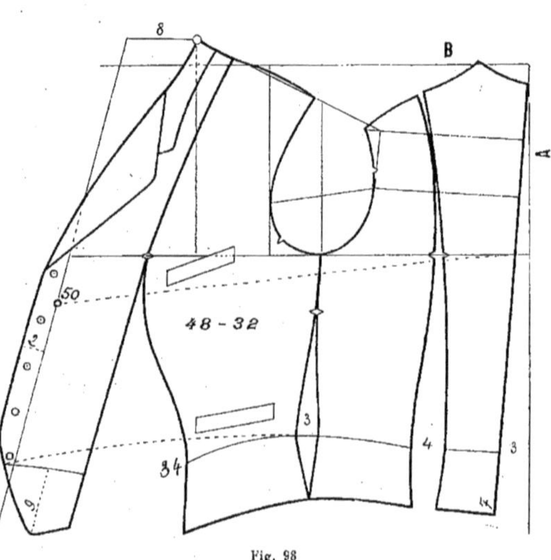

Fig. 98

Établir un corsage avec dos, couture bretelle ; le devant est facultatif.

Encolure. — Selon la mode, avec ou sans châle.

Croisure. — Régulière de 2 cent.

Prolongement de la taille. — Sur le dos 7 cent., sur le devant de 9 à 11 cent., selon la mode.

ÉTUDE DU GILET *(Suite.)*

Mesures : 48-36.
Encolure 30; longueur hanches 55; longueur devant 61.

Fig. 99 et 99 bis

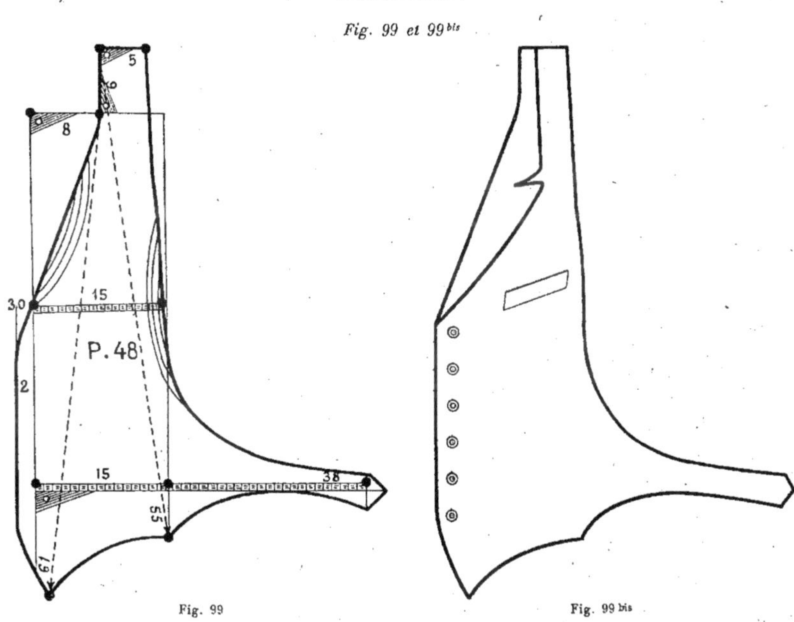

Fig. 99

Fig. 99 bis

Ce genre est fait sans dos ; c'est le devant qui se continue et forme la plaque de dos.

Établir deux lignes parallèles au 1/3 de poitrine moins 1 cent., soit . . . . . . 15 c.

Dans le haut, former une ligne d'équerre.

Point d'encolure. — Rentrer de 1/6 de poitrine, soit . . . . 8 c.

De ce point, appliquer les longueurs et les façonner comme l'indique le cliché.

Longueur de la plaque de dos 1/6 de poitrine moins 2 cent., soit . . . . 6 c.

Largeur en moyenne . . . . 5 c.

La mesure de ceinture s'applique juste, soit. . . . . 36 c.

Donner 2 cent. pour la croisure des bouts.

La croisure devant est de. . . . . 2 c.

La figure 99 *bis* donne le même genre avec châle et poche de poitrine.

Étude du Boléro

Fig. 100 et 101

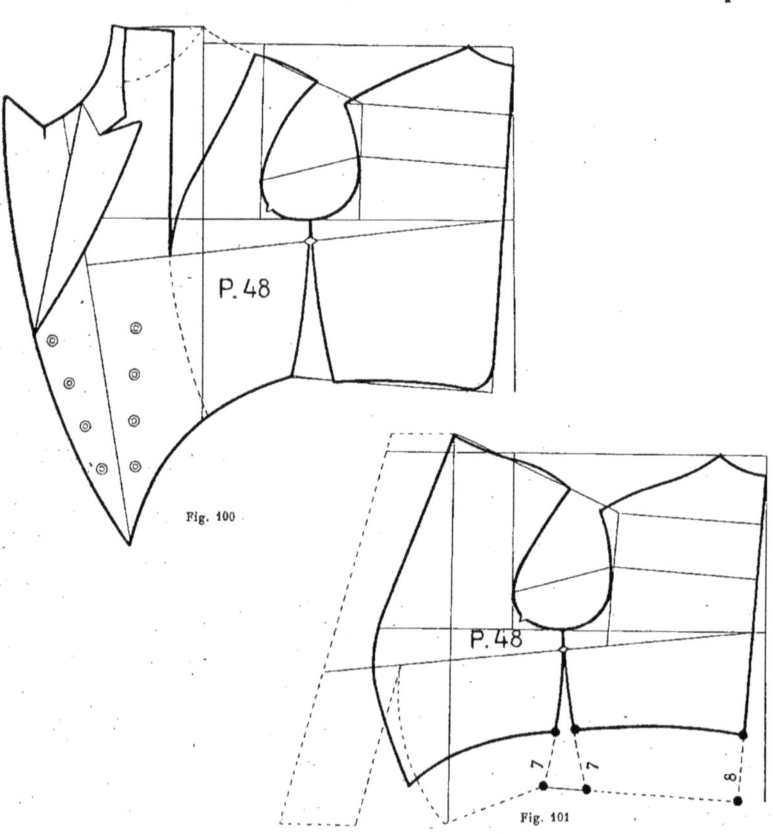

Fig. 100

Fig. 101

Les figures 100, 101, 102, 103 se forment à l'aide du corsage ; il suffit de façonner les différentes fantaisies, selon le goût ou la mode.

ÉTUDE DU BOLÉRO *(Suite.)*

Fig. 102 et 103

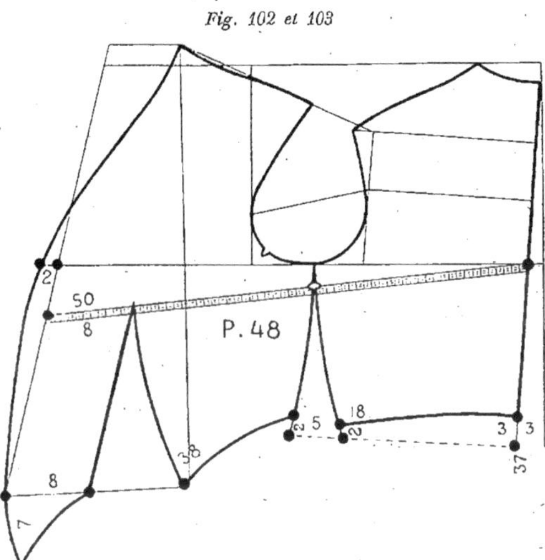

Fig. 102

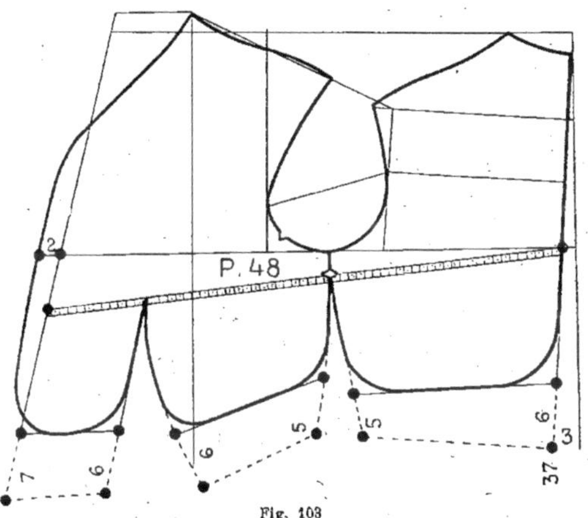

Fig. 103

Étude du Corsage kimono, genre blouse

Mesures : 46, 35, 6, 36, 16 1/2, 45, 71

Fig. 104 et 104 bis

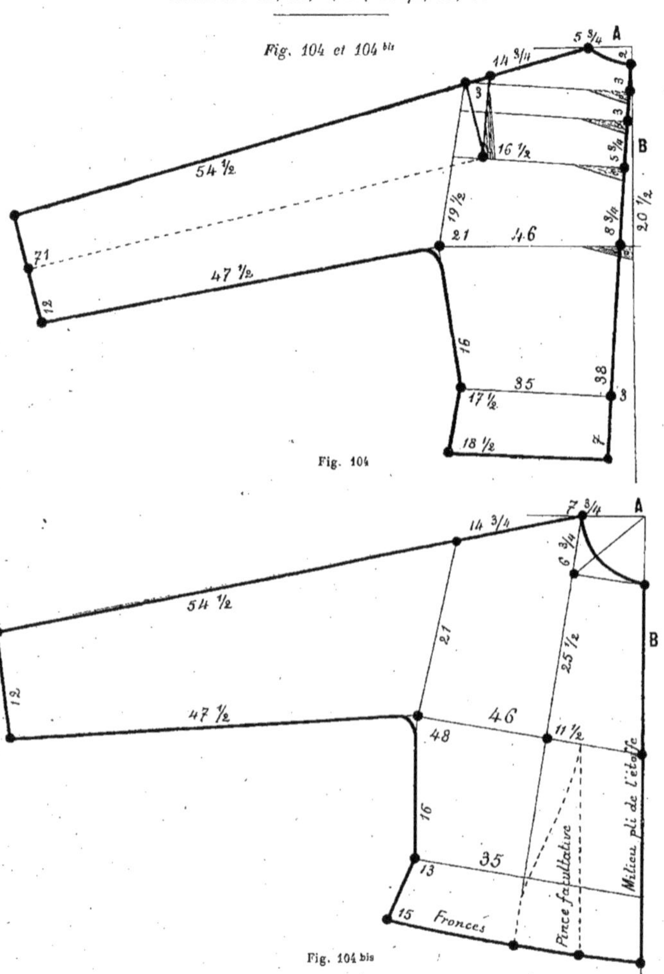

Fig. 104

Fig. 104 bis

ÉTUDE DU CORSAGE KIMONO, GENRE BLOUSE *(Suite.)*

Fig. 104

Formation du dos

Toute la partie du haut s'établit comme pour les jaquettes. (Voir les études précédentes.)

Façonnage du bas. — Largeur à la ceinture, la demi-grosseur, soit . . . . 17 c. 1/2

Prolongement en dessous de la taille — En moyenne . . . . 7 c.

Largeur du bas. — 1 cent. de plus qu'à la ceinture, soit . . . . 18 c. 1/2

Façonner les lignes comme l'indique la figure 104.

Fig. 104 bis

Formation du devant

Comme pour le dos, la partie du haut s'établit selon les principes généraux déjà décrits.

Façonnage du bas. — Sur la ligne de profondeur d'emmanchure et partant de la ligne de construction, mesurer la valeur comprise jusqu'au point 48 ligne de côté, nous obtenons . . . . 15 c.

Reporter cette mesure sur la ligne de ceinture, partant toujours de la ligne de construction moins 2 cent., soit 15 — 2. . . . . 13 c.

Former la ligne du côté en réunissant le point 13 au point 48 par une ligne légèrement bombée.

Prolongement. — Le prolongement se fait de même valeur que celui du dos.

Donner le jeu aux hanches en donnant 2 cent. de plus de largeur qu'à la ceinture et partant de la ligne de construction, soit . . . . 15 c.

N.-B. — La ceinture s'ajuste généralement par des fronces, mais on peut également pratiquer une pince d'ajustage, comme l'indique le pointillé de la figure 104 *bis*.

ÉTUDE DU CORSAGE KIMONO, GENRE BLOUSE *(Suite.)*

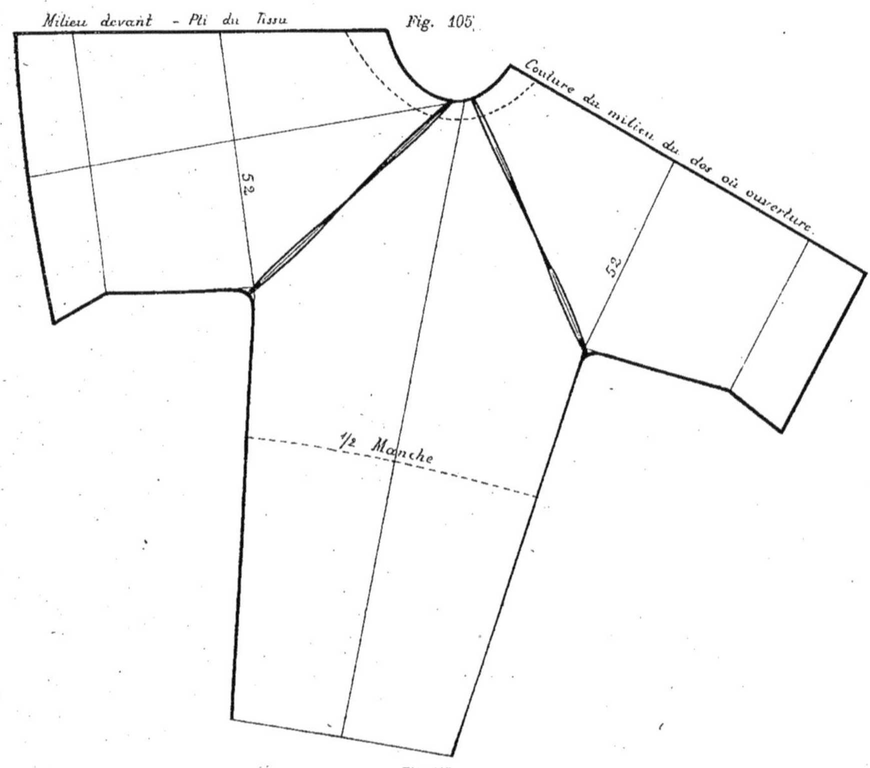

Fig. 105

Cette figure démontre la façon de réunir le dos et le devant pour couper un corsage sans couture sur l'épaule.

Le devant se prend toujours sur le droit fil et généralement sur le pli du tissu.

Par des pointillés, nous avons indiqué la façon de former des manches courtes et une encolure dégagée.

Par des traits pleins, nous avons indiqué la manche raglan.

Nous n'avons indiqué aucun chiffre, car un coup d'œil attentif sur la figure 105 suffit pour en comprendre les variations.

ÉTUDE DU CORSAGE KIMONO, GENRE BLOUSE *(Suite.)*

Fig. 106, 106 bis et 106 ter

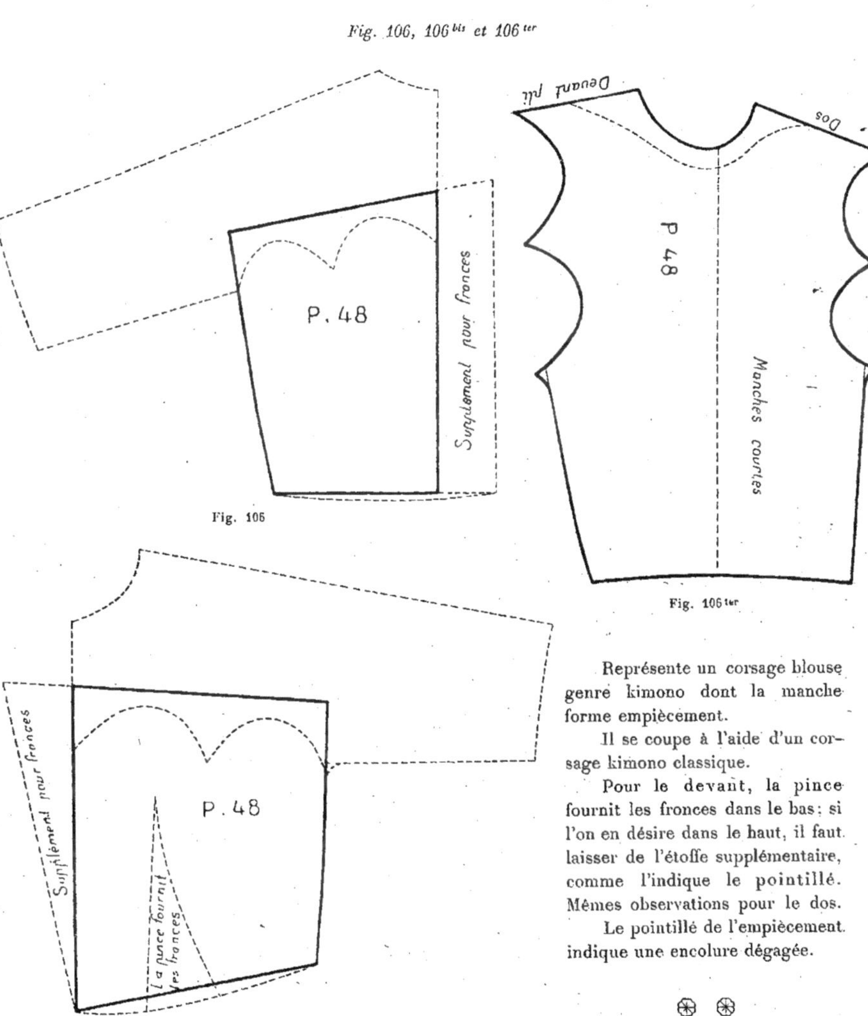

Fig. 106

Fig. 106 ter

Fig. 106 bis

Représente un corsage blouse genre kimono dont la manche forme empiècement.

Il se coupe à l'aide d'un corsage kimono classique.

Pour le devant, la pince fournit les fronces dans le bas ; si l'on en désire dans le haut, il faut laisser de l'étoffe supplémentaire, comme l'indique le pointillé. Mêmes observations pour le dos.

Le pointillé de l'empiècement indique une encolure dégagée.

❀ ❀

Étude de la Blouse chemisier

Mesures : 48, 36, 6, 37, 17

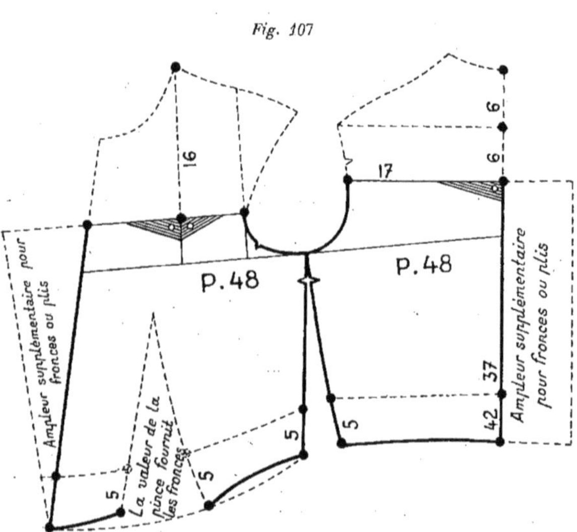

Fig. 107

Ce genre de blouse s'obtient à l'aide du tracé ordinaire du corsage.

Seulement on y ajoute un empiècement.

La blouse peut être plissée, froncée ou plate.

Les pointillés, comme dans la précédente étude, indiquent l'étoffe à laisser en supplément pour les plis ou les fronces.

ÉTUDE DE LA BLOUSE CHEMISIER *(Suite.)*

Formation de l'empiècement

Fig. 108, 108 bis et 108 ter

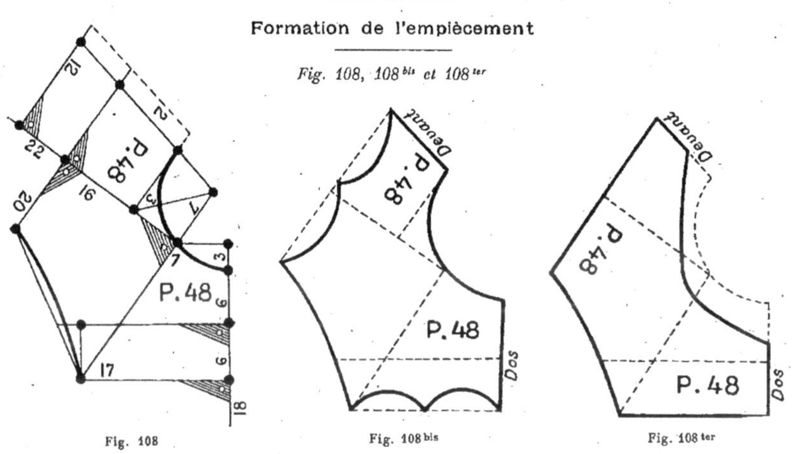

Fig. 108 — Fig. 108 bis — Fig. 108 ter

Tracer une ligne droite, qui représente le milieu du dos.

Sur cette ligne, trait d'équerre.

Encolure du dos. — Creux de 3 cent., largeur 1/6 de poitrine moins 1 cent., soit . . . 7 c.

Descente d'épaules. . . . . 6 c.

Descente de carrure. — 1/6 de poitrine moins 2 cent., soit. . . . . 6 c.

A ces deux points, lignes d'équerre.

Largeur de carrure. . . . . 17 c.

De ce point au point 7 ligne droite. Sur cette ligne, trait d'équerre partant du point 7 de l'encolure du dos, ce qui donne la ligne d'aplomb.

Vérification de la tenue. — Sur le dos 18 cent., sur le devant 4 cent. en plus, soit. 22 c.

A ce point, ligne d'équerre et ressortir de 1/4 de poitrine, soit . . . . 12 c.

Au niveau du point d'encolure du dos, sortir de 1/6 de poitrine moins 1 cent., soit. . . . . 7 c.

Tracer une ligne droite de ce point au point 12 ce qui détermine la ligne du milieu du corps.

Il n'y a plus qu'à façonner l'encolure du devant et déterminer la longueur de l'empiècement.

Le côté de l'emmanchure se façonne en donnant sur le devant 3 cent. de plus que la carrure pour conformation normale, soit . . . . 20 c.

De ce point, rattraper la carrure par une courbe douce. (Voyez fig. 108.)

La figure 108 bis démontre un empiècement avec pointe ; il s'établit identiquement comme le précédent, la fantaisie se dessine ensuite.

Fig. 108 ter

Empiècement avec encolure dégarnie, pour sa construction se reporter à la figure 108.

Robe droite kimono

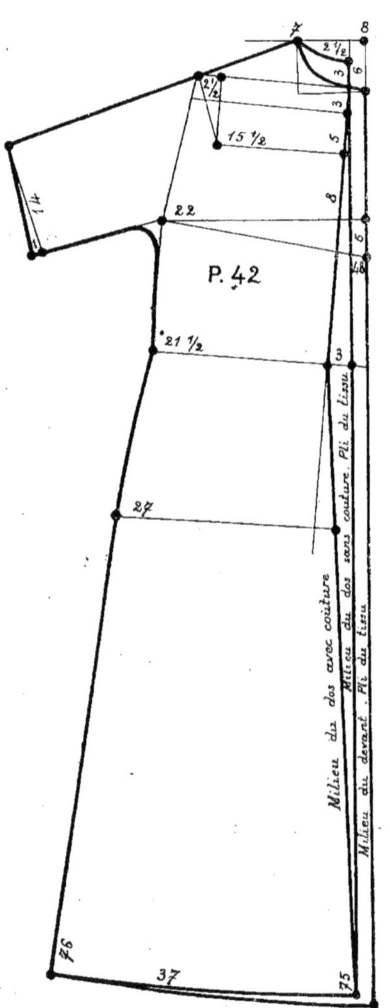

Fig. 109

Mesures : 42, 33, 46, 6, 34, 109, 15 1/2

Fig. 109

Tracer une ligne droite, qui représente le milieu du devant, et former une ligne d'équerre.

Point d'encolure du devant. — Depuis le milieu du devant 1/6 de poitrine plus 1 cent., soit . . . . 8 c.

Descente d'encolure du devant. — Depuis la ligne d'équerre 1/6 de poitrine moins 2 cent., soit . . . . 6 c.

Ce point est facultatif. Dans l'angle façonner l'encolure.

Encolure du dos. — 1/6 de poitrine juste, soit. . . . . 7 c.

De ce point, ligne parallèle à celle du devant, ce qui formera le milieu du dos, qui peut se faire avec ou sans couture comme l'indique le cliché.

Creusage du dos. — En moyenne 2 c. 1/2.

De ce point, appliquer la longueur de taille et la longueur totale.

Façonner tout le haut du dos, comme pour la jaquette.

La taille se fait plus ou moins floue. Le bassin assez aisé, en moyenne pour la largeur du dos le demi-bassin plus 4 cent, soit. . . 27 c

La largeur moyenne du bas est de 10 cent. de plus qu'au bassin, soit . . . . 37 c.

Régler les longueurs depuis la taille, comme l'indique le cliché.

Généralement, c'est la largeur du tissu qui détermine la longueur de la manche.

Mais on peut le faire varier selon le goût ou la mode.

N.-B.- L'encolure peut s'échancrer à volonté.

Robe droite classique

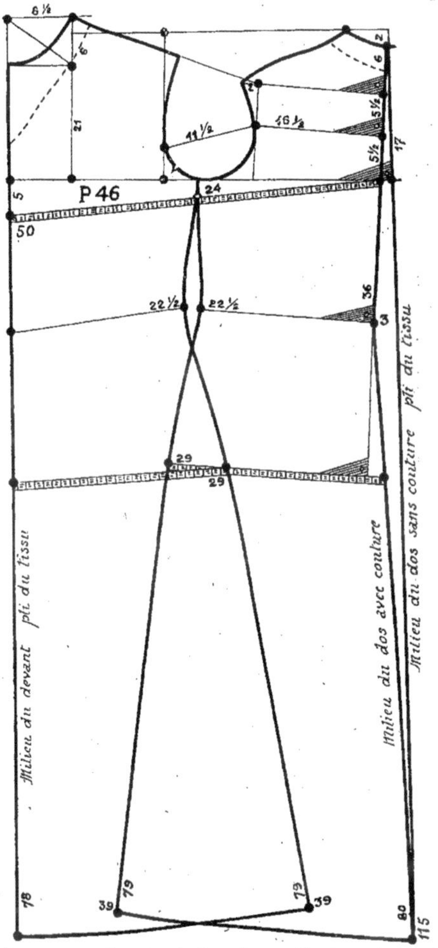

Mesures : 46, 35, 50, 6, 36, 16 1/2
Longueur de la Jupe : devant 78 ; côté 79 ; derrière 80

Fig. 110

FORMATION DU DOS

Tout le haut du dos, s'établit comme les principes généraux déjà décrits.

La largeur du dos sous le bras est de la demi-poitrine plus 1 cent., soit . . . . 24 c.

La largeur à la ceinture est facultative, selon le cintrage que l'on désire obtenir ; en moyenne de 1 à 2 c. de moins qu'à la poitrine ; soit 22 c. 1/2 depuis la ligne cintrée.

Largeur au bassin. — Le demi-bassin plus 4 cent., soit 29 c. depuis la ligne cintrée.

Largeur du bas. — En moyenne 10 c. de plus qu'au bassin, soit 39 c.

Longueur. — Sur le dos 80 cent., sur le côté 79 cent., depuis la ligne de taille.

N.-B. — Le milieu du dos peut se faire avec ou sans couture, comme l'indique le cliché.

FORMATION DU DEVANT

Depuis le milieu du dos, appliquer la grosseur de poitrine plus 4 cent., soit . . . . 50 c.

A ce point, ligne d'équerre sur celle de profondeur d'emmanchure ; ce qui donne le milieu du corps.

Encolure. — Depuis le milieu du corps rentrer de 1/6 de poitrine plus 1 cent., soit . . 8 c. 1/2

Descente d'encolure. — Facultative, soit. . . . . 6 c.

Vérification de la tenue. — Comme les principes déjà décrits.

Diamètre d'emmanchure. — 1/4 de poitrine soit. . . . . . 11 c. 1/2

Largeur à la ceinture. — La même qu'au dos soit. . . . . 22 c. 1/2

Largeur au bassin. — La même qu'au dos soit . . . . 29 c.

Largeur au bas. — La même qu'au dos, soit. . . . . 39 c.

Longueur. — Sur le côté, 79 cent., sur le devant . . . . 78 c.

L'encolure peut s'échancrer, dans le genre du pointillé ou en carré à volonté. Mais il faut d'abord créer la robe avec l'encolure normale.

La manche se coupe d'après l'étude générale des manches ; longue ou courte avec deux coutures ou une seule.

Robe princesse

Mesures : 48, 36, 52, 6, 37, 17
Longueurs : devant 78 ; côté 79 ; derrière 80

Fig. 111

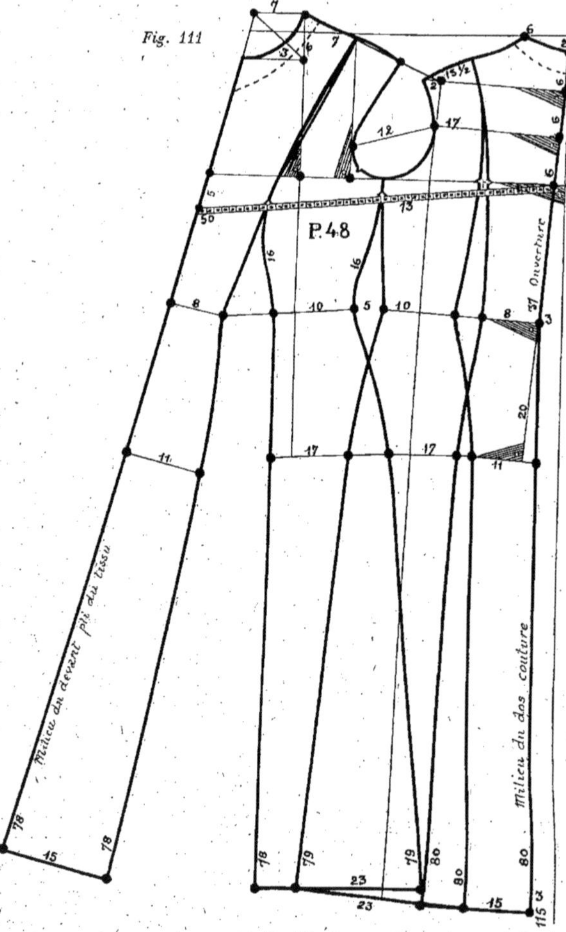

Fig. 111

ROBE PRINCESSE *(Suite.)*

Fig. 111

Le haut de la robe princesse est un corsage à couture bretelle, avec un seul petit côté.

La ceinture doit s'appliquer juste, afin de correspondre à la mesure de la jupe qui se trouve attenante au corsage.

Le bassin s'applique avec 4 cent. de développement en moyenne; on peut tenir cette partie plus ou moins ample selon la mode.

Le bas se fait d'environ 20 cent. plus large que le bassin.

Le dos est généralement avec couture au milieu. L'encolure peut se faire haute ou échancrée, comme l'indique le pointillé.

Bien faire attention à la répartition des lés, afin que le dos et le devant soient d'égale largeur entre eux, ainsi que les lés formés par le petit côté et le second panneau du devant.

Largeur du dos à la ceinture . . . . 8 c.
— — **au bassin** . . . . 11 c.
— — **au bas** . . . . 15 c.
Largeur du lé de côté à la ceinture . . . . 10 c.
— — — **au bassin** . . . . 17 c.
— — — **bas** . . . . 23 c.
Largeur du lé de devant à la ceinture . . . . 10 c.
— — — **au bassin** . . . . 17 c.
— — — **au bas** . . . . 23 c.
Largeur du devant à la ceinture . . . . 8 c.
— — **au bassin** . . . . 11 c.
— — **au bas** . . . . 15 c.
Largeur totale de la ceinture. — 8 + 10 + 10 + 8 . . . . 36 c.
— — **au bassin.** — 11 + 17 + 17 + 11 . . . . 56 c.
— — **au bas.** — 15 + 23 + 23 + 15 . . . . 76 c.

APPLICATION DES LONGUEURS DE JUPE

Devant depuis la taille . . . . 78 c.
Côté — — . . . . 79 c.
Derrière — — . . . . 80 c.

En étudiant attentivement le cliché, il est facile de se rendre compte que cette robe est composée de deux parties; le corsage qui forme le haut et une jupe à lés qui forme le bas.

Il n'y a qu'à faire attention à donner de l'élégance aux lignes.

Démonstration de la Prise des mesures nécessaires pour Jupes

Fig. 112

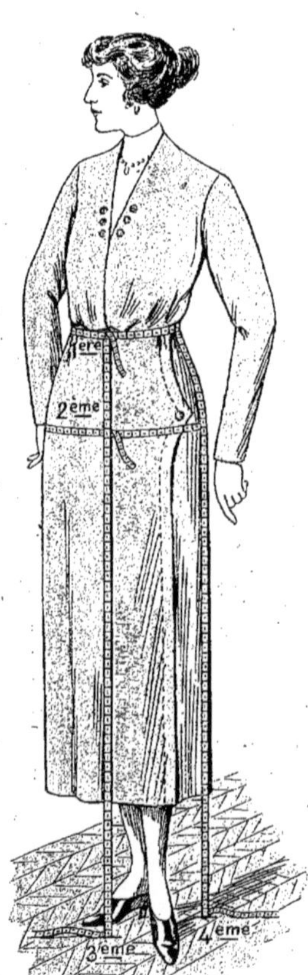

Fig. 112

1re mesure : **Grosseur de taille.**

2e mesure : **Grosseur du bassin,** prise naturelle au plus fort, à environ 20 cent. au-dessous de la taille.

3e mesure : **Longueur de la jupe devant,** du creux de taille à terre.

4e mesure : **Longueur du côté,** également du creux de taille à terre.

PRISE DES MESURES DE LA JUPE *(Suite.)*

Fig. 112 bis

5e mesure : **Longueur de la jupe derrière**, du creux de la taille à terre.

N.-B. — Aux trois mesures des longueurs, il convient de retrancher la différence de la longueur désirée pour la jupe finie.

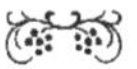

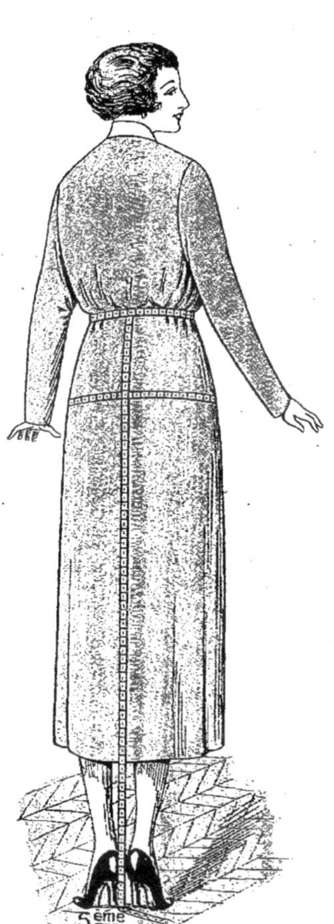

Fig. 112 bis

Étude de la Jupe classique

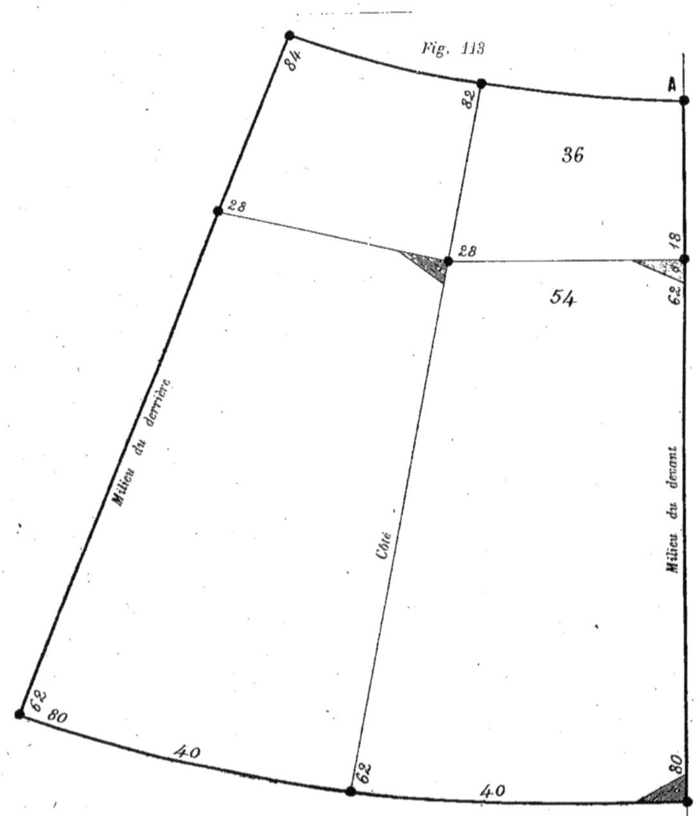

Fig. 113

MESURES

Demi-grosseur de ceinture	36 c.	**Longueurs.** — Devant	80 c.
— **du bassin**	54 c.	— Côté.	82 c.
Demi-largeur du bas	80 c.	— Derrière.	84 c.

N.-B. — Les longueurs de jupe se prennent toujours jusqu'à terre. Ensuite déduire 5, 10, 15, 20, 25 ou 30 centimètres, selon la mode ou le goût de la cliente.

La figure 113 représente la jupe base, c'est-à-dire que nous partirons toujours de ce même principe, quelle que soit la longueur ou la largeur de la jupe.

De même pour les fantaisies; il faut toujours établir son premier plan et façonner ensuite selon la gravure choisie.

L'ampleur du bas peut se calculer comme largeur moyenne par la grosseur de bassin plus 20 cent., plus ou moins selon le genre.

Tracer une ligne droite qui représente le milieu du devant et le droit fil de l'étoffe. Sur cette ligne, marquer le point de départ A.

Niveau du bassin. — En dessous du point A sur la ligne du devant, 1/3 du bassin, soit. 18 c.

Longueur du devant. — La mesure depuis le point A, soit . . . . 80 c.

A ces deux points, lignes d'équerre sur celle du milieu du devant.

Ligne du côté. — Au niveau du bassin, point 18, appliquer la demi-grosseur plus 1 cent. soit 27 + 1. . . . . 28 c.

Cette ampleur peut s'augmenter de 2, 3 ou 4 cent., selon le genre ou la mode.

Dans le bas à la longueur, point 80, placer la demi-largueur du bas juste, soit 40 c.

A ce point, petite ligne parallèle à celle du devant.

Réglage de la longueur de côté. — Mesurer, sur le devant, l'intervalle compris entre le point 18 et le point 80, nous obtenons . . . . 62 c.

Reporter cette mesure sur le côté, en partant du point 28 et venant trouver le point 40.

De ce point, passant au point 28, ligne droite d'une longueur égale à la mesure du côté, soit . . . . 82 c.

Cette mesure s'applique en remontant, en partant du point 62.

Formation de la partie arrière. — Au niveau du bassin point 28, ligne d'équerre sur celle du côté.

Application des largeurs. — Sur la ligne de bassin, placer l'autre moitié de largeur soit . . . . 28 c.

Dans le bas, l'autre moitié d'ampleur, soit. 40 c.

A ce point, petite ligne parallèle à celle du côté.

Réglage des longueurs. — Du point 28, appliquer en descendant et venant trouver le point 40, la même longueur qu'au côté, soit . . . . 62 c.

De ce point, passant au point 28, ligne droite qui forme le derrière de la jupe.

Appliquer la longueur totale, soit . . . . 84 c.
en remontant et partant du point 62.

Façonnage de la ceinture. — Du point A devant, passant au point 82 côté, se terminant au point 84, derrière ligne courbe et régulière.

Façonnage du bas. — Sur le devant, point 80, petite ligne d'équerre de 10 à 15 cent., puis continuer par une ligne courbe qui touche le point 62 du côté et le point 62 du derrière.

Le tracé de la jupe étant terminé, il reste à ramener la ceinture à sa mesure; par plis, pinces ou fronces; selon la mode ou le genre demandé.

La façon simple d'établir nos jupes, permet à l'élève d'y arriver facilement.

L'inclinaison de la ceinture, s'obtient sans aucun calcul ; elle varie d'elle-même selon que le bassin est fort ou faible.

L'application exacte des mesures suffit pour donner la tenue du sujet.

Pour les pinces, elles feront l'objet des études suivantes.

AVIS. — Tous les modèles de jupes que nous présentons sont établis à leurs longueurs réelles; il faut donc laisser le rempli du bas en plus.

Comme pour les corsages et jaquettes, les coutures ne sont pas comprises.

ÉTUDE DE LA JUPE CLASSIQUE *(Suite.)*

Fig. 114

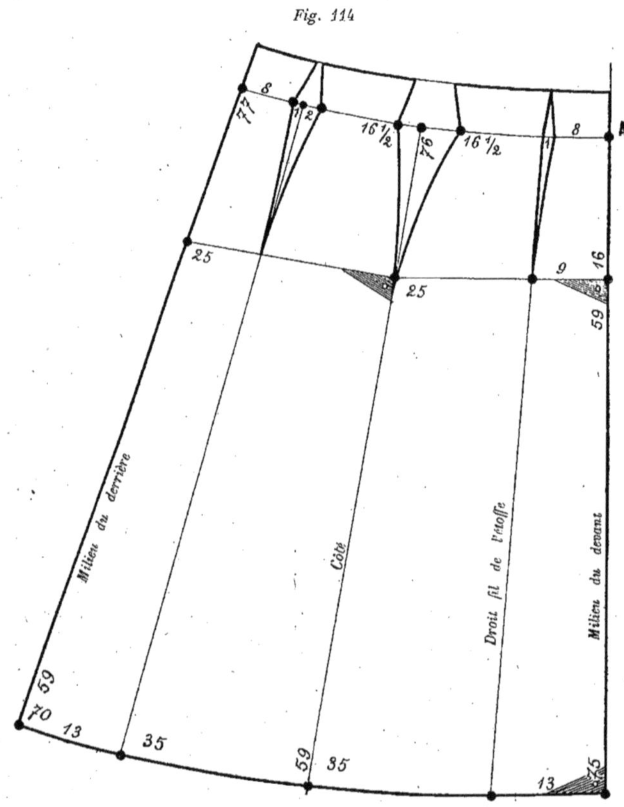

Fig. 114

MESURES

Demi-grosseur de ceinture	33 c.	**Longueurs.** —	Devant	75 c.
— **du bassin**	48 c.	—	Côté	76 c.
Demi-largeur du bas	70 c.	—	Derrière	77 c.

ÉTUDE DE LA JUPE CLASSIQUE *(Suite.)*

(Indication des pinces)

Fig. 114

Cette jupe s'établit comme la précédente; elle est présentée avec tablier devant et derrière et une pince de hanche.

La ceinture est montante de 5 cent.; cette fantaisie peut se faire plus ou moins haute, selon le goût ou la mode.

Ce genre de jupe est montée sur gros-grain d'une hauteur égale à celle du montant de la jupe.

Sa longueur est égale à celle du haut de la jupe; dans sa partie inférieure on doit pratiquer quelques petites pinces, pour la ramener à la mesure exacte de la grosseur de ceinture.

Façonnage des tabliers. — Celui du devant dans le haut niveau de la ceinture, largeur moyenne 1/4 de ceinture, soit . . . . 8 c.

Niveau du bassin, 1 cent. en plus, soit. . . . . 9 c.

Ligne droite touchant ces deux points dans toute la hauteur de la jupe :

Celui de derrière dans le haut . . . . 8 c.

Dans le bas, même largeur que celui du devant, soit . . . . 13 c.

Façonnage des pinces. — Au niveau de la ceinture, pince de 1 cent. à chaque tablier; partie arrière de la jupe, pince de 2 cent. pour bassin normal.

Pince du côté. — Appliquer à chaque partie de la jupe, devant et arrière la demi-ceinture, soit . . . . 16 c. 1/2
en tenant compte des pinces déjà établies.

Cette pince se termine au niveau du bassin. Si l'on désire une couture sur le côté, suivre la ligne centrale qui a servi à la construction de la jupe.

Jupe classique pour personne forte

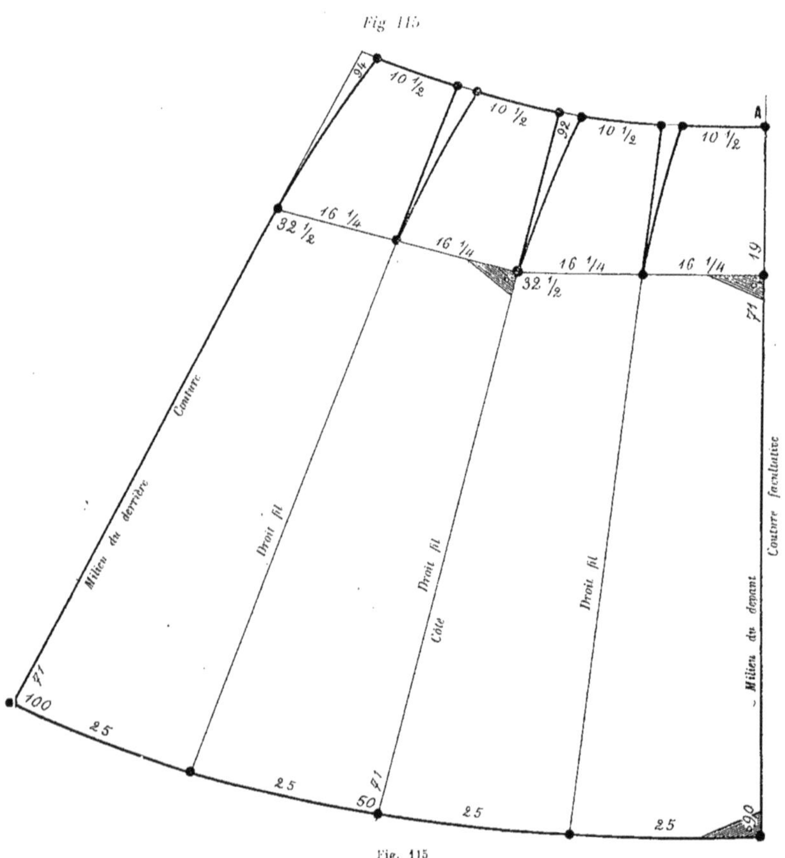

Fig. 115

MESURES

Demi-grosseur de ceinture	42 c.	**Longueurs**. — Devant	90 c.
— **du bassin**	57 c.	— Côté.	92 c.
Demi-largeur du bas	100 c.	— Derrière.	94 c.

JUPE CLASSIQUE POUR PERSONNE FORTE *(Suite.)*

Fig. 115

La jupe que représente la figure 115 est établie dans le même principe que la jupe-étude ; les mesures seules varient. Elle est divisée en plusieurs lés ce qui avantage le sujet.

Il est possible de la faire en deux parties seulement, en faisant une seule couture sur le côté, mais chaque lé ne doit pas dépasser la largeur du tissu si l'on désire le pli devant et derrière.

La longueur est normale, c'est-à-dire de 10 à 15 cent. de terre.

N.-B. — Le bassin est établi avec un peu plus d'ampleur que la jupe base, c'est-à-dire que nous avons le demi-bassin plus 4 cent. au lieu de plus 1.

Soit pour 57 bassin 1/2, 28 1/2 + 4. . . . . 32 c. 1/2

Voyez figure 115.

Répartition des lés. — Au niveau du bassin partager par moitié chaque partie de la jupe; faire de même dans le bas et tracer des lignes droites dans toute la hauteur de la jupe.

Répartition des pinces. — Ayant 4 lés nous prenons le 1/4 de la ceinture pour 42. . . 10 c. 1/2

Appliquer cette mesure pour le premier lé en partant du milieu du devant; faire de même pour les autres en partant de la ligne droit fil, et la pince arrière se formera d'elle-même.

Dans cette forme de jupe, chaque lé a un côté droit fil et un côté biais ; bien faire attention, comme l'indique le cliché, de monter un côté droit fil avec un côté biais, afin d'éviter l'allongement des coutures, ce qui serait très disgracieux.

Jupe droite

Fig. 116

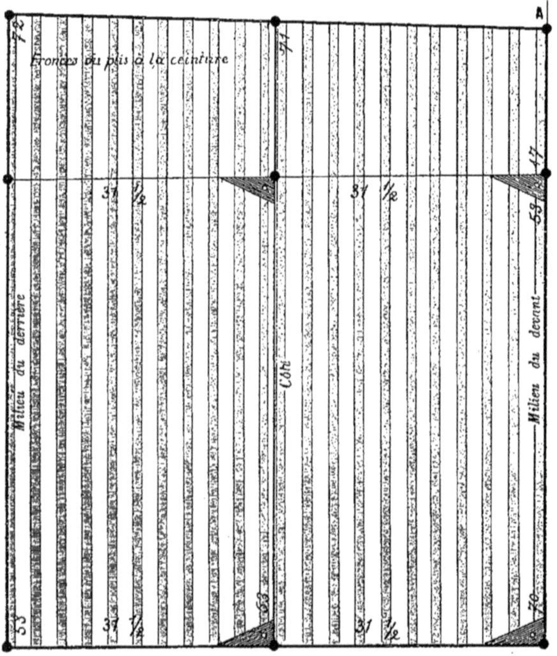

Fig. 116

MESURES

Demi-grosseur de ceinture	39 c.	**Longueurs.** —	Devant	70 c.
— **du bassin**	51 c.	—	Côté	71 c.
Demi-largeur du bas	63 c.	—	Derrière	72 c.

JUPE DROITE *(Suite.)*

Fig. 116

Ce genre de jupe ne convient qu'aux personnes minces car sa largeur est égale du haut et du bas.

La ceinture est réduite par des plis ou des fronces.

Milieu du devant. — Ligne droite, droit fil de l'étoffe.

Point de départ A ; de ce point ligne de bassin à 1/3 de sa grosseur . . . . . . 17 c.

Longueur du devant . . . . 70 c.

A ces deux points, lignes d'équerre sur le milieu de devant.

Ligne de côté. — Par la moitié de la largeur du bas pour 63, moitié . . . . 31 c. 1/2

La largeur du bas peut se calculer en augmentant le bassin de 10 à 12 cent.

Ligne arrière. — Prolonger la ligne de bassin et celle du bas d'équerre sur la ligne du côté et d'une largeur égale à la partie du devant.

Le milieu du devant et du derrière peuvent être pris sur le pli du tissu, dans ce cas il y a couture au côté.

Application des longueurs. — Du côté en partant du bas. . . . . 71 c.

Derrière en partant du bas . . . . 72 c.

Ligne de ceinture. — Part du point A, touche le point 71, se termine au point 72.

Autant que possible exécuter ce modèle dans des tissus légers.

Jupe demi-cloche

Fig. 117

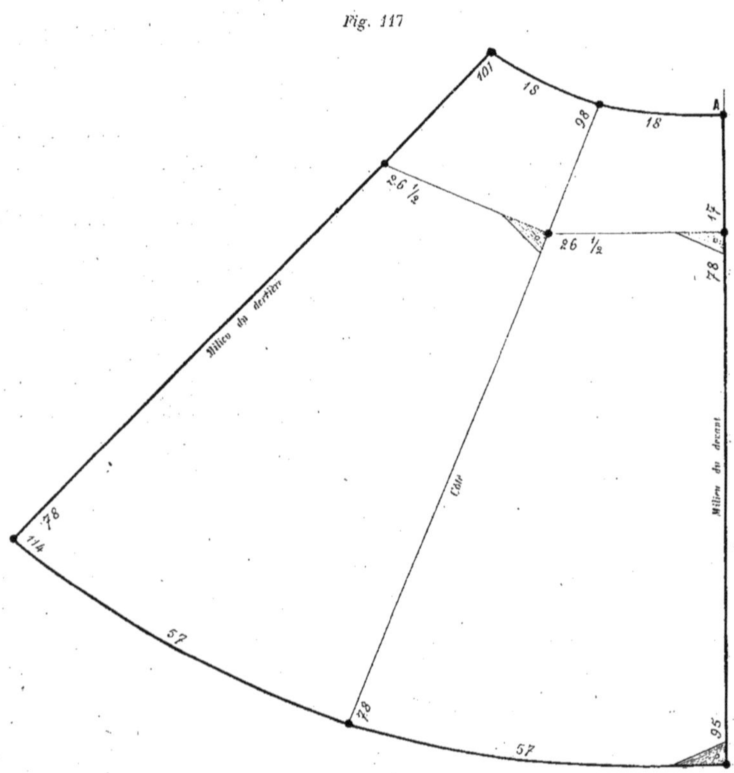

Fig. 117

MESURES

Demi-grosseur de ceinture	36 c.	**Longueurs.** —	Devant	95 c.
— **du bassin**	51 c.	—	Côté	98 c.
Demi-largeur du bas	114 c.	—	Derrière	101 c.

JUPE DEMI-CLOCHE *(Suite.)*

Fig. 117

Ce genre de jupe est sans pinces ni fronces à la ceinture, ce qui détermine des godets partant du bassin vers le bas.

L'ampleur du bas se détermine par l'inclinaison que prend la ligne de côté et qui est obtenue par la différence du bassin à la ceinture.

Le début du tracé de cette jupe est le même que celui de la jupe-étude.

Lorsque l'ampleur du bassin est obtenue, appliquer la demi-ceinture juste et tracer la ligne de côté, en touchant le point de ceinture et le point de bassin.

Pour la partie arrière, répéter l'opération en tenant la ligne de bassin d'équerre sur celle du côté et reporter l'autre demi-bassin et ceinture.

Une ligne droite touchant ces deux points forme la ligne du derrière.

Régler les longueurs comme dans les études précédentes et façonner les lignes du bas et de ceinture par des courbes douces. (Voyez fig. 117.)

Jupe fantaisie

Fig. 118

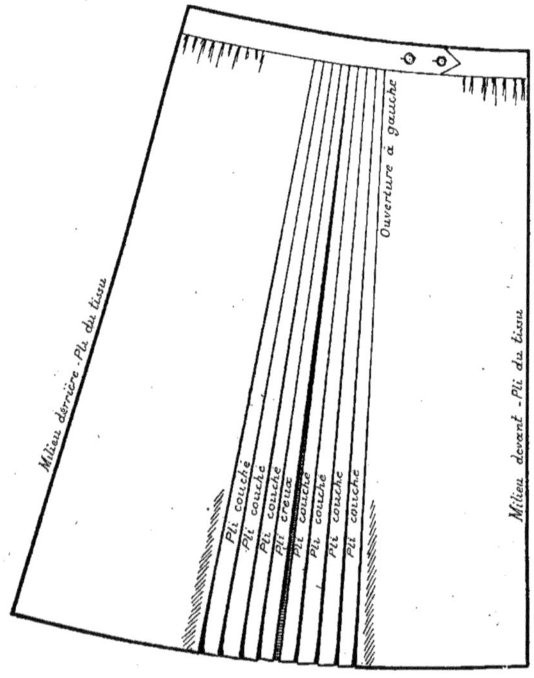

Fig. 118

Cette forme se coupe à l'aide de la jupe classique, le panneau du côté est formé par un groupe de plis.

Les pinces de ceinture sont remplacées par des fronces, la ceinture est rapportée.

JUPE FANTAISIE *(Suite.)*

Fig. 119

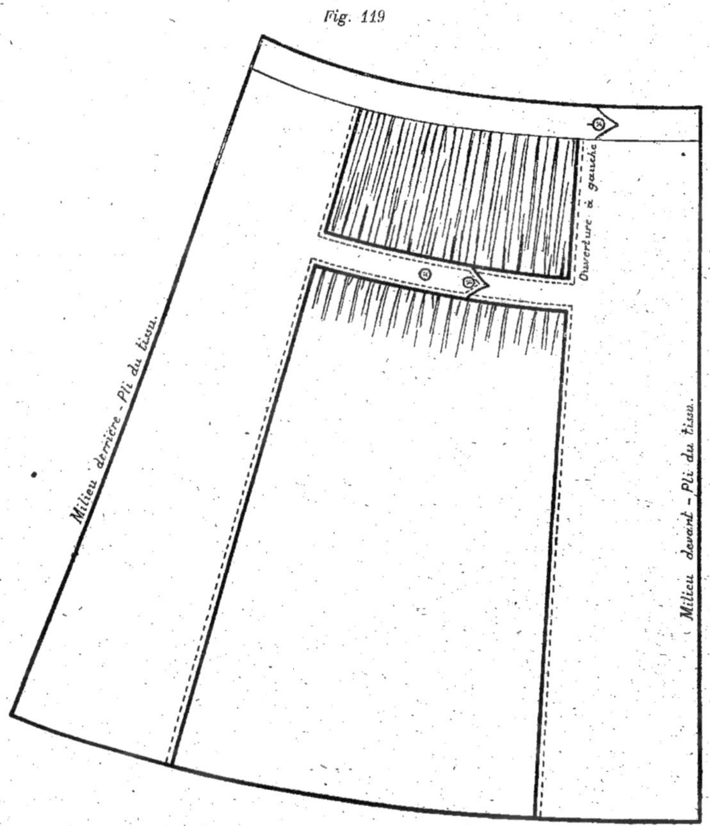

Fig. 119

Jupe à large tablier devant et derrière, panneau de côté froncé, ceinture rapportée, martingale au niveau du bassin.

JUPE FANTAISIE (*Suite.*)

Fig. 120

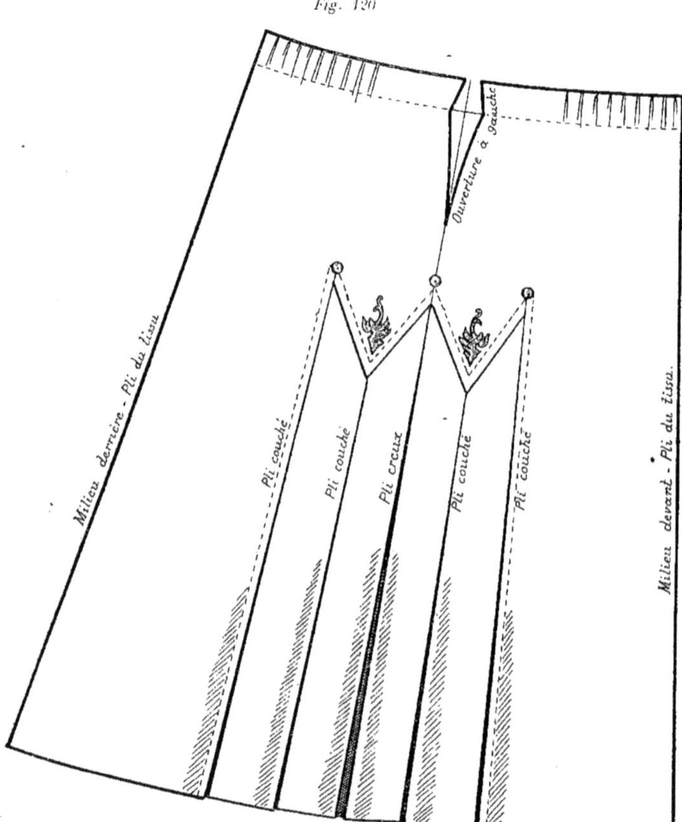

Fig. 120

Jupe en deux parties, petite pince sur les hanches; le surplus de la ceinture est ramené par des petits plis ou petites pinces sur le devant et sur le derrière.

Découpage des panneaux sur le côté et remplacés par un groupe de larges plis.

JUPE FANTAISIE *(Suite.)*

Fig. 121

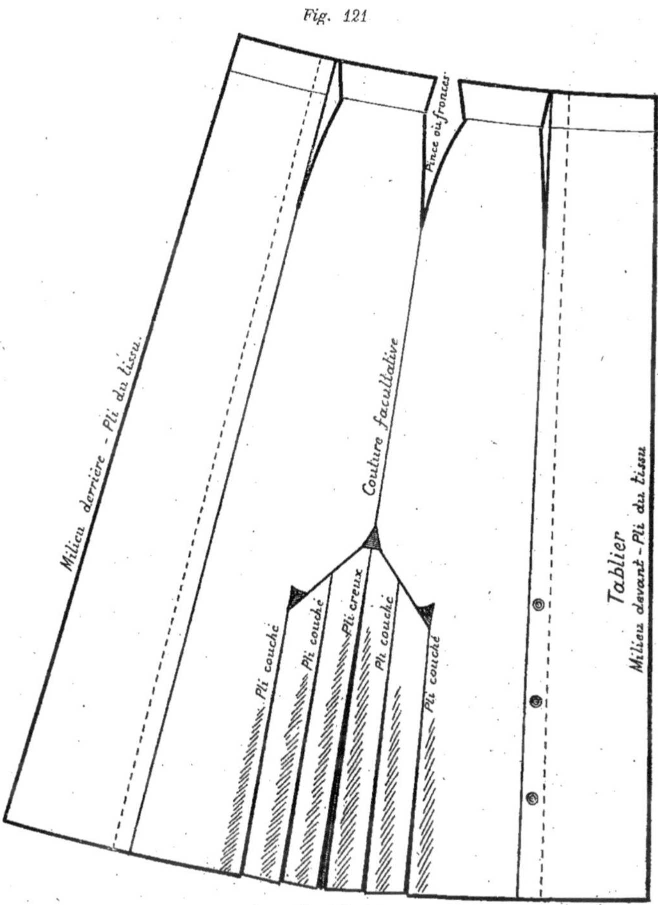

Fig. 121

Tablier devant et derrière monté en baguette, découpage dans le bas du panneau de côté remplacé par un groupe de plis.

JUPE FANTAISIE *(Suite.)*

Fig. 122

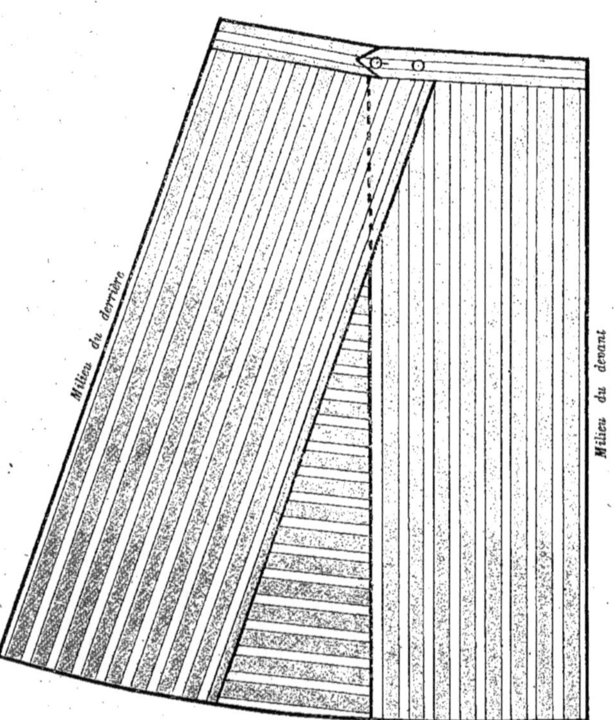

Fig. 122

Forme de la jupe droite, les panneaux se resserrent dans le haut de la valeur de la pince.

L'ouverture qui se produit dans le bas garnie de même tissu placé en travers. Ceinture rapportée.

JUPE FANTAISIE *(Suite.)*

Fig. 123

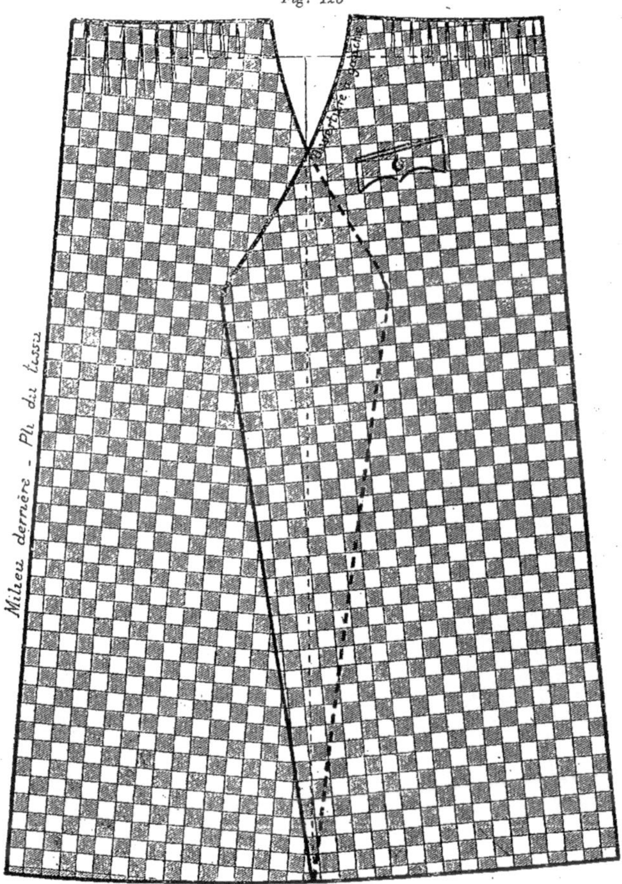

Fig. 123

Ce genre connu sous le nom de jupe tonneau est très original. L'ampleur est un peu au-dessous de la ligne de bassin. On l'obtient en suivant l'inclinaison de la pince.

Les panneaux qui se croisent en s'ouvrant forment poche sur les côtés de la jupe.

Les lignes de côté viennent retrouver l'ampleur ordinaire du bas.

JUPE FANTAISIE *(Suite.)*

Fig. 124

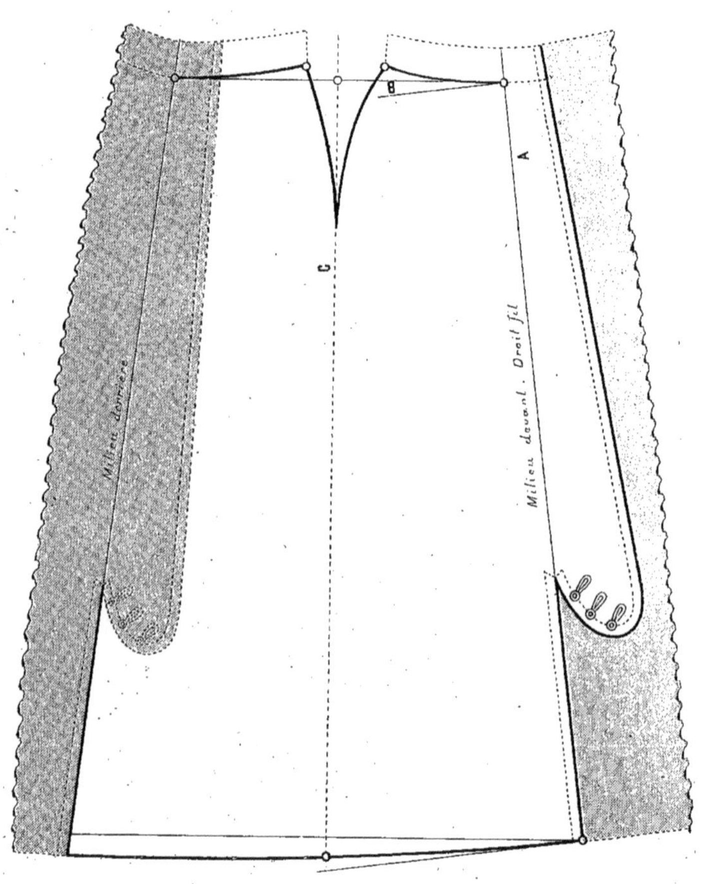

Fig. 124

JUPE FANTAISIE *(Suite.)*

Fig. 124

Ce genre forme tablier d'un seul côté; il peut aller jusqu'au bas de la jupe. Il peut également former un cran droit ou arrondi, comme l'indique la figure 124.

N.-B. — Le devant droit passe sur le devant gauche et forme motif, et le derrière gauche passe sur le derrière droit et forme également motif.

L'ouverture de la jupe sera donc de côté, devant ou derrière à volonté.

Le milieu du devant se place sur le droit fil du tissu.

Etude des Retouches de la Jupe

Fig. 125, 125 bis et 125 ter

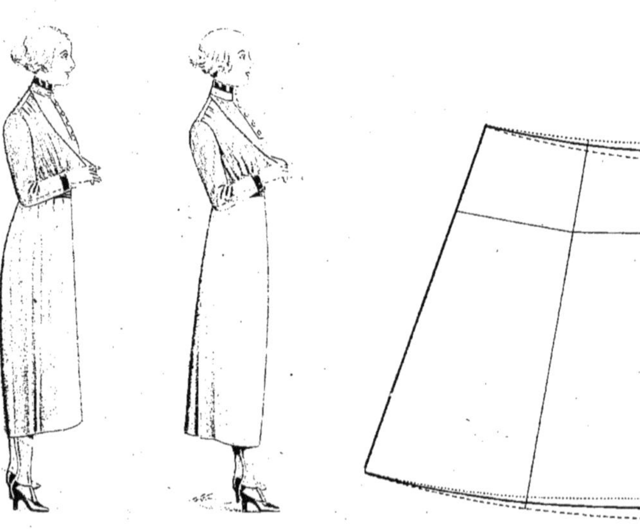

Fig. 125 — Fig. 125 bis — Fig. 125 ter

ÉTUDE DES RETOUCHES DE LA JUPE *(Suite.)*

Fig. 125, 125 bis et 125 ter

La figure 125 indique une jupe beaucoup trop creusée sur le devant, ce qui la fait se soulever.

La figure 125 *ter* indique la manière de corriger ce défaut.

Cette jupe était coupée dans le pointillé n° 1, le trait plein indique la correction qu'il faut faire. Si on a pas de relarge à la ceinture, il faut baisser derrière d'autant que l'on aurait dû remonter devant.

La figure 125 *bis* indique le défaut contraire de la figure 125; cette jupe est trop attaquée derrière ou trop haute devant.

La figure 125 *ter* indique également la correction qu'il faut faire; voyez pointillé n° 2 qui indique comment était coupée la jupe: le trait plein indique la correction.

Jupe amazone simple

Fig. 126

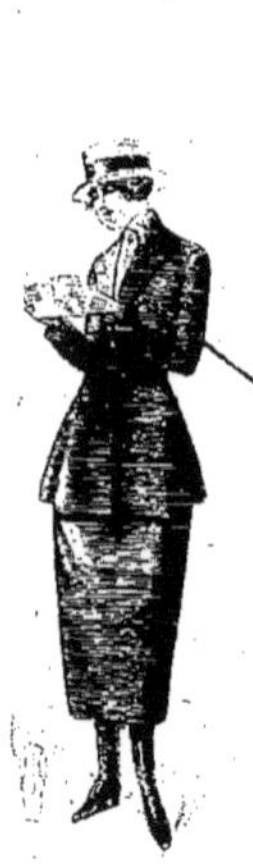

Fig. 126

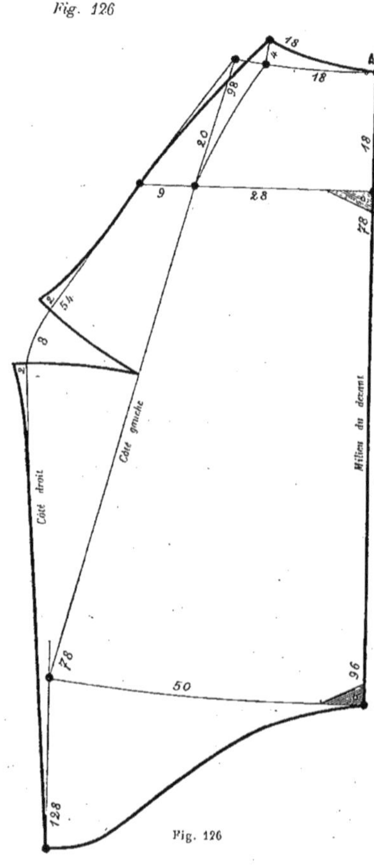

Fig. 126

MESURES

Demi-grosseur de ceinture	36 c.	**Longueurs.** — Devant	96 c.
— **du bassin**	54 c.	— Côté.	98 c.
Demi-largeur du bas.	100 c.	— Derrière.	100 c.
Longueur de la hanche au genou			54 c.

JUPE AMAZONE SIMPLE *(Suite.)*

Fig. 126

Cette jupe se forme de quatre parties, deux devant, deux derrière.

Les devants et les derrières peuvent à volonté être réunis par une couture ou par le pli du tissu.

Devant gauche

Milieu du devant. — Ligne droite, point de départ A.

Ligne de bassin. — 1/3 de sa valeur, soit . . . . 18 c.

A ce point, ligne d'équerre sur celle du milieu du devant.

Longueur du devant. — Du point A, la mesure, soit . . . . 96 c.

A ce point, ligne d'équerre sur celle du milieu du devant.

Ligne de côté. — Niveau du bassin, moitié de sa grosseur plus 1 cent., soit . . . . . . 28 c.

Dans le bas, la demi-largeur, soit . . . . 50 c.

A ce point, ligne parallèle à celle du devant et se prolongeant vers le bas de 25 à 30 c.

Cette ligne nous servira pour former le devant droit.

Réglage de la longueur. — Sur le devant, du point 18 au point 96, mesurer la longueur, soit . . . . 78 c.

Reporter cette mesure partant du niveau du bassin point 28 et venant retrouver le point de largeur 50.

Ligne du côté. — Par une ligne droite touchant le point 78 et le point 28.

Longueur du côté. — Du point 78 et en remontant appliquer la mesure, soit . . . . . 98 c.

Ligne de ceinture. — Du point A au point 98 courbe douce.

Pince des hanches. — Sur la ligne de ceinture, partant du point A, la moitié de grosseur, soit . . . . 18 c.

De ce point, au niveau du bassin, courbe douce.

Devant droit

Le milieu du devant droit est de même forme que le devant gauche.

Ligne de côté. — Au niveau du bassin sortir de 1/6 de sa valeur, soit . . . . 9 c.

Du point 98 passant au point 9, ligne droite assez longue pour correspondre à la longueur du genou.

Point de hanche. — Au-dessus du devant gauche . . . . 4 c.
c'est-à-dire la moitié de la valeur de la pince du genou.

Largeur du devant. — La demi-ceinture, soit . . . . 18 c.

Ligne de ceinture. — Même courbe qu'au devant gauche.

Longueur du genou. — Du point 18/4 appliquer la mesure, soit . . . . 54 c.

A ce point, ligne courbe venant retrouver le côté gauche.

Pince du genou. — D'une valeur de . . . . 8 c.

La partie du bas de la pince doit avoir la même courbe que celle du haut.

Régler les deux côtés de la pince par un arc de cercle.

Pour éviter un creux face à la pince, remonter chaque côté de celle-ci de 2 cent. environ.

Longueur du côté. — Du point 18/4 appliquer la mesure plus 30 cent., soit 98 + 30 . 128 c.
et en tenant compte du vide de la pince.

Cette mesure vient retrouver la ligne droite du devant gauche qui a été prolongée.

Façonnage du bas. — Du point 96, milieu du devant au point 128 côté, ligne courbe sur le devant et arrondie vers le côté (voyez fig. 126).

N.-B. — La largeur du bas que nous avons donnée à cette jupe est moyenne; elle peut varier selon la mode ou le goût des personnes.

JUPE AMAZONE SIMPLE *(Suite.)*

Fig. 126 bis

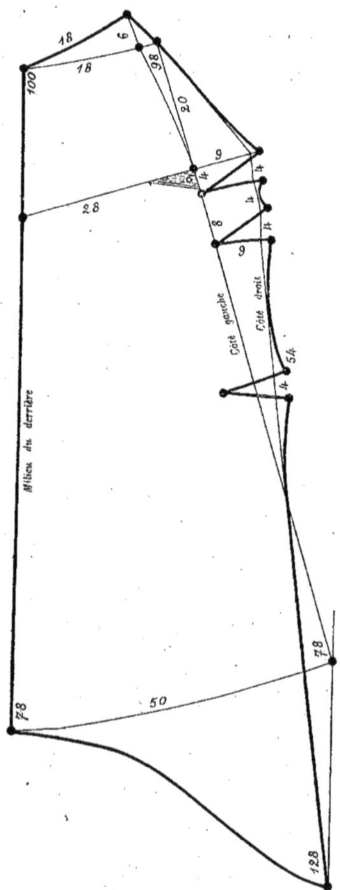

Fig. 126 bis

JUPE AMAZONE SIMPLE *(Suite.)*

Fig. 126 bis

Formation des derrières

Les derrières sont présentés séparément des devants, afin que les lignes ne se mélangent pas les unes dans les autres et de ce fait rendre l'étude plus claire.

La première à tracer est celle du côté qui viendra ensuite s'assembler à celle du devant.

Derrière gauche

Ligne de côté. — Droite à la règle et marquer un point de départ qui devient le point 98.

Ligne de bassin. — Par la mesure trouvée sur le devant, du point 98 (ceinture) au niveau du bassin, soit . . . . 20 c.

A ce point, ligne d'équerre sur celle du côté.

Réglage de la longueur. — Du niveau du bassin au bas, même longueur qu'au devant, soit 78 cent. au côté et derrière.

Ligne arrière. — Au niveau du bassin, sa demi-grosseur plus 1 cent. depuis la ligne du côté, soit . . . . 28 c.

Dans le bas, depuis la ligne de côté, la demi-largeur, soit . . . . 50 c. et venant trouver le point 78.

Ligne droite touchant tous ces points.

Longueur arrière. — Du bas point 78 en remontant, appliquer la mesure . . . . 100 c.

Ceinture. — Par une courbe douce du point 98 côté au point 100 derrière.

Pince des hanches. — Du point 100 venant vers le côté, la demi-ceinture . . . . 18 c.

Tracer la ligne de pince par une courbe douce.

Ligne du bas. — Courbe douce se raccordant avec celle du devant.

Derrière droit

Ligne de ceinture. — Remontée sur le côté de 6 cent., soit la moitié de la valeur des pinces.

Réglage de la ceinture. — Du point 100 milieu du derrière, la demi-ceinture, soit. . . 18 c.

Façonner la ligne par une courbe douce.

Ligne de côté. — Au niveau du bassin, sortir de 1/6 de sa valeur, soit . . . . 9 c.

Du point 98 au point 9, ligne droite, puis arrondir la pince de hanche.

Du point 6, appliquer la même longueur qu'au côté droit du devant et en tenant compte des pinces, soit . . . . 128 c.

Ce point doit venir trouver la largeur du bas, soit . . . . 50 c.

Ligne du bas. — Même forme que celle du devant droit.

Longueur des pinces. — Au-dessus du derrière gauche, 1/6 de bassin, soit . . . . . . 9 c.

Au niveau du genou, point 54, pince de . . . . 4 c.

En appliquant la longueur du genou et du côté, tenir compte de la valeur des pinces.

Pinces. — Le niveau du bassin forme le côté du haut de la première pince; elle se termine au derrière gauche en s'éloignant du bassin de . . . . 4 c.

Valeur de la 1re pince. . . . . 4 c.

Entre-pinces . . . . 4 c.

Valeur de la 2e pince . . . . 4 c.

Intervalle entre l'extrémité des deux pinces . . . . 8 c.

Jupe amazone ouverte derrière

Genre classique

Fig. 126 ter (Mesures de la précédente)

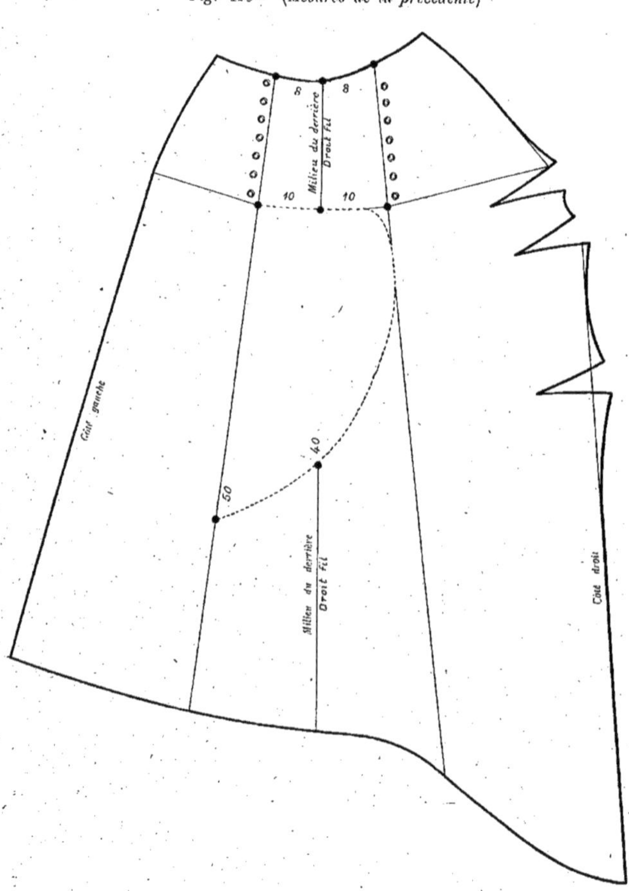

Fig. 128 ter

JUPE AMAZONE OUVERTE DERRIÈRE *(Suite.)*

Genre classique

Fig. 126 ter

Mesures de la précédente.

Les devants de cette jupe ne variant pas de ceux de la précédente, nous ne répéterons pas l'étude.

Nous présenterons simplement les deux derrières, pour indiquer la façon de former l'ouverture.

Réunir les deux derrières, comme l'indique le cliché. Régler la ligne de ceinture et celle du bassin par une courbe douce.

Ouverture. — Sur le milieu du derrière, depuis la ligne de bassin, descendre en moyenne de . . . . 40 c.

Et sur le côté gauche. . . . . 50 c.

Tracer une courbe en partant de la ligne du bassin, venant passer au point 40 et se terminer au point 50.

Découper ensuite cette partie.

L'ouverture ainsi obtenue sera recouverte par un tablier.

Tablier. — Largeur moyenne à la ceinture. . . . . 16 c.

8 cent. chaque côté du milieu du derrière.

Au bassin . . . . 20 c.

10 cent. chaque côté.

Lignes droites dans toute la longueur de la jupe en s'appuyant aux points 8 et 10.

Montage du tablier. — Sur le côté gauche, il est monté fixe au derrière.

Sur le côté droit, il est volant et maintenu seulement par les boutons.

De cette façon, il recouvre l'ouverture lorsque l'amazone est à pied.

Pour monter à cheval, on replit le tablier sur lui-même en venant le boutonner sur les boutons placés sur le côté gauche à cet effet.

De cette façon, l'ouverture reste libre et l'amazone s'assied sur sa culotte et non sur sa jupe.

Ce modèle est assez apprécié car la jupe ne se froisse pas.

Jupe amazone ouverte derrière, dite à tunique

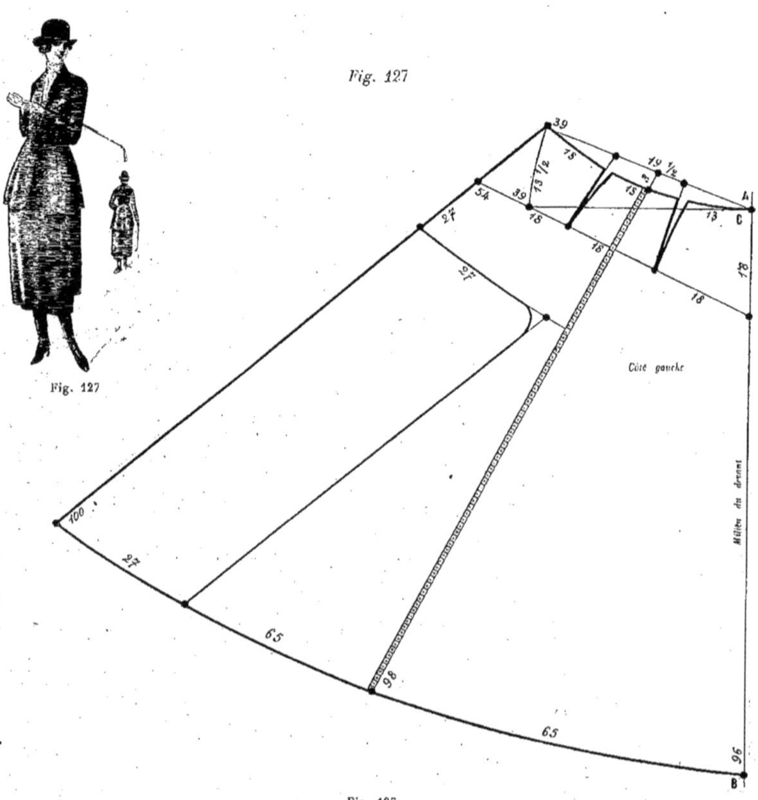

Fig. 127

MESURES

Demi-grosseur de ceinture . . . . . . 36 c.		**Longueurs.** — Devant	96 c.
— **du bassin** . . . . 54 c.		— Côté	98 c.
Demi-largeur du bas (d'après le bassin).		— Derrière	100 c.
Longueur de la hanche au genou			54 c.

JUPE AMAZONE OUVERTE DERRIÈRE, DITE A TUNIQUE *(Suite.)*

Fig. 127

Cette jupe peut se faire avec ou sans couture sur le milieu du devant.

Pour la faire sans couture au milieu du devant, il faut que le tissu employé le permette, c'est-à-dire qu'il n'ait pas de sens, car, dans ce cas, le milieu du devant est pris sur le travers de l'étoffe.

Formation du côté gauche

Milieu du devant. — Ligne droite et marquer le point de départ C.

Ceinture. — Au point C, ligne d'équerre sur celle du milieu du devant et d'une longueur égale à la grosseur de ceinture plus 3 cent., soit 36 + 3 . . . . 39 c.

A ce point, former un arc de cercle en remontant de 1/4 du bassin, soit. . . . 13 c. 1/2

Du point C au point 13 1/2 ligne droite.

Au milieu de la ceinture, creux de. . . . . 3 c.

Façonner la ligne par une courbe régulière.

Ligne de bassin. — Du point C, sur la ligne de milieu du devant, descendre de 1/3 du bassin, soit . . . . 18 c.

Du point 18 passant au point 39, ligne droite d'une longueur égale à la grosseur du bassin, soit. . . . . 54 c.

Pinces. — Diviser la ceinture en trois parties égales et former deux pinces pour ramener la ceinture à sa mesure, soit . . . . 36 c.

La ligne avant des pinces sera bombée et la ligne arrière droite.

Les pinces se terminent au niveau du bassin où elles se répartissent aussi en trois parties égales.

Ligne arrière. — Ligne droite de la longueur de la jupe, partant du point 39 ceinture et passant au point 54 bassin.

Longeurs. — Du point C devant la mesure, soit . . . . 96 c.

Du milieu de la ceinture, mesure du côté, soit . . . . 98 c.

Du point 13 1/2, longueur derrière. . . . . 100 c.

Ligne du bas. — Ligne courbe partant du point 96 B, passant au point 98 et se terminant au point 100.

Ouverture. — Sur la ligne du derrière, depuis la ceinture descendre du demi-bassin, soit. . . . . 27 c.

A ce point, ligne parallèle à celle de ceinture.

Du milieu, rentrer également de 27 cent. en haut et en bas, puis tracer une ligne parallèle à celle du derrière.

Arrondir l'angle comme l'indique le cliché.

Dans l'angle, se place un bouton qui aide à maintenir la partie droite pour former ouverture.

Quand l'amazone est à pied, la partie droite vient se boutonner au bas de la première pince du devant et ferme l'ouverture.

JUPE AMAZONE OUVERTE DERRIÈRE, DITE A TUNIQUE *(Suite.)*

Mesures : *Pour les mesures, se rapporter à l'étude précédente.*

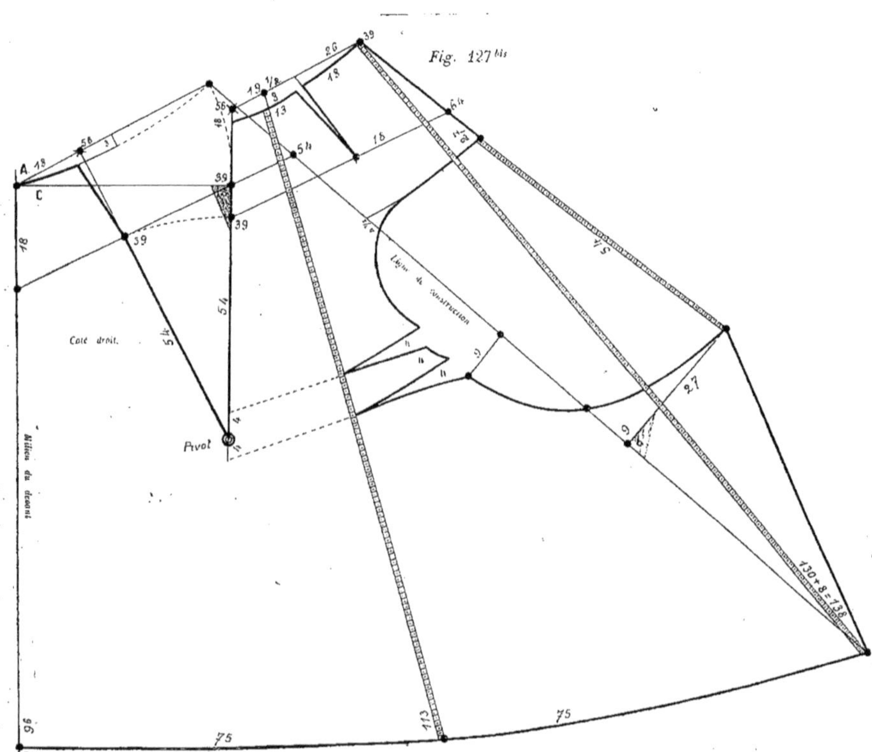

Fig. 127 bis

Formation du côté droit

Milieu du devant. — Ligne droite et marquer le point de départ A.

Ceinture. — Au point A ligne d'équerre sur celle du milieu du devant et d'une longueur égale à la grosseur de ceinture plus 3 cent., soit 36 + 3 . . . . 39 c.

A ce point, former un arc de cercle en remontant de 1/3 du bassin, soit . . . . 18 c.

Du point A au point 18, ligne droite. Au milieu de la ceinture, creux de. . . . 3 c.

Façonner la ligne par une courbe régulière.

Ligne de bassin. — Du point A sur la ligne de milieu du devant, descendre de 1/3 de bassin, soit . . . . . 18 c.

Du point 18, passant au point 39, ligne droite d'une longueur égale à la grosseur du bassin, soit . . . . . 54 c.

Ligne de construction. — Du point de la ceinture, passant au point 54 bassin, ligne droite assez longue pour arriver au bas de la jupe.

Pince du genou. — Ligne arrière d'équerre sur la ligne de ceinture partant du point 39 et se prolongeant vers le bas.

Ligne avant, du milieu point A, 1/3 de la ceinture, de ce point, la longueur du genou . . . . . 54 c.
en venant trouver la ligne arrière et tracer une ligne droite réunissant les deux points.

Réglage de la pince. — Du point 54, pivot à la ligne de ceinture . . . . . 56 c.

Reporter cette mesure sur la partie arrière et tracer une ligne parallèle à la première ligne de ceinture.

Même opération pour régler la ligne de bassin.

Réglage de la ceinture. — Reporter la mesure de ceinture sur la nouvelle ligne en déduisant la partie du devant.

Réglage du bassin. — Sur la nouvelle ligne de bassin, appliquer la mesure 54 + 10. . 64 c. en déduisant la partie du devant.

Pinces. — Former les pinces dans le même principe que pour le côté gauche.

Ligne arrière. — Du point 39, ceinture passant au point 64 bassin, ligne droite de même longueur que le côté gauche, c'est-à-dire . . . . . 27 c.

A ce point, ligne parallèle à celle de la ceinture et s'arrêtant à la ligne de construction.

Longueurs. — Du point A devant, la mesure, soit . . . . . 96 c.

Du milieu de la ceinture point 19 1/2, la mesure du côté, plus la moitié du rallongement arrière, soit 98 + 15 . . . . . 113 c.

Derrière du point 39, la mesure, plus 30 cent. de rallongement et 8 cent. de pinces, soit 100 + 30 + 8, soit . . . . . 138 c.

Façonner le bas par une courbe régulière touchant les trois points et se raccordant avec le côté gauche.

Ouverture. — Du point 27, descendre de la valeur du bassin, soit . . . . . 54 c.

A ce point, ligne d'équerre sur celle de construction.

A ce niveau, sortir de la ligne de construction du 1/2 bassin, soit . . . . . 27 c.

Au milieu du point 54, creuser la ligne de construction de 1/6 bassin, soit . . 9 c.

Façonner la ligne d'ouverture comme l'indique le cliché.

Pinces. — Au milieu de l'ouverture, pratiquer deux pinces de 4 cent. chacune et convergeant vers le genou.

Ligne arrière du bas. — Du point 27 au point 138, ligne droite.

Comme on peut s'en rendre compte, l'ampleur du bas de cette jupe s'obtient selon la force du bassin, ce qui est rationnel.

Jupe cycliste

Fig. 128

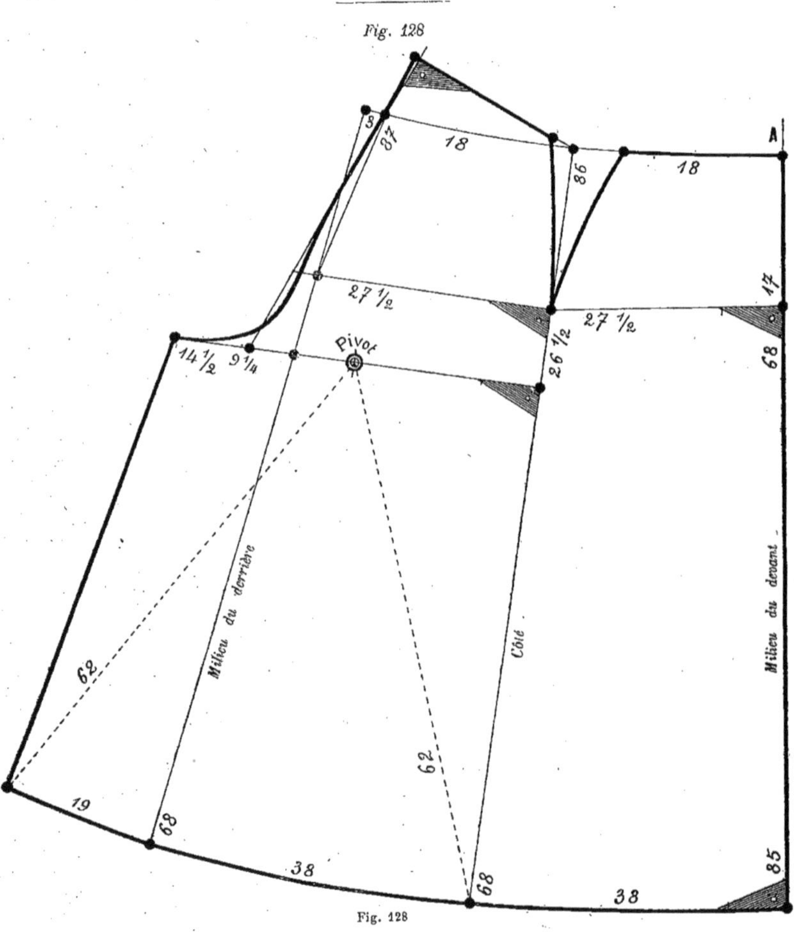

Fig. 128

MESURES

Demi-grosseur de ceinture	36 c.	**Longueurs.** —	Devant	85 c.
— **du bassin**	54 c.	—	Côté	86 c.
Demi-largeur du bas	76 c.	—	Derrière	87 c.

Cette jupe ne varie des jupes ordinaires que par la fourche qu'elle comporte à la partie arrière.

Milieu du devant. — Ligne droite, droit fil de l'étoffe.

Point de départ A. — De ce point, ligne de bassin au 1/3 de sa grosseur . . . . 17 c.

Longueur du devant . . . . 85 c.

A ces deux points, lignes d'équerre.

Ligne de côté. — Niveau du bassin, moitié de sa grosseur plus 2 cent., soit 25 1/2+2 27 c. 1/2

Dans le bas, la demi-largeur, soit . . . . 38 c.

A ce point, petite ligne parallèle à celle du devant.

Réglage de la longueur. — Sur le devant, mesurer la longueur entre le point 17 et le point 85, nous trouvons . . . . 68 c.

Reporter cette mesure depuis le point 27 1/2 en descendant au point 38, réunir ces deux points par une ligne droite.

Longueur du côté. — Partant du point 68 en remontant, appliquer la mesure . . . . . 86 c.

Partie arrière. — Au niveau du bassin, ligne d'équerre sur celle du côté et appliquer l'autre moitié du bassin . . . . 27 c. 1/2

Dans le bas, l'autre demi-largeur . . . . 38 c.

Petite ligne parallèle à celle du côté.

Longueurs. — En descendant depuis le bassin, même mesure qu'au côté . . . . 68 c.

En remontant, partant du point 68, la mesure . . . . 87 c.

Ligne de ceinture. — Du point A, touche le point 86, se termine au point 87.

Ligne du bas. — Part du point 85, touche le point 68 du côté et du derrière.

Réglage de la ceinture. — A l'arrière, pince de . . . . 3 c.

(Ce point varie selon la conformation du sujet.)

De ce point venant vers le côté, la demi-ceinture . . . . 18 c.

Du milieu du devant point A, la demi-ceinture . . . . 18 c.

La valeur de la pince de côté s'est établie d'elle-même.

N.-B. — Cette pince s'arrête au niveau du bassin.

Le côté de la jupe peut avoir une couture si le tissu ne permet pas de prendre sans. On peut également faire un pli creux sur le côté en laissant l'étoffe nécessaire.

Façonnage de la fourche. — (Montant.) — Du point 86 ceinture, descendre du demi-bassin plus 1 cent, soit . . . . 26 c. 1/2

A ce point, ligne d'équerre sur celle du côté.

Valeur de la fourche. — Sur la ligne de montant, partant de la ligne arrière, 1/4 de bassin plus 2 cent, soit . . . . 14 c. 1/2

Ligne des fonds. — Du point 14 1/2 rentrer de la moitié de sa valeur plus 2 cent., soit 9 c. 1/4

Ligne droite, de ce point au point 3 du haut, arrondir la fourche dans l'angle comme l'indique la figure 128.

Montant des hausses. — Placer l'équerre sur la ligne des fonds, sa pointe extrême touchant la ligne de ceinture à la jonction de celle du côté, soit le point 86.

Façonner la ligne de ceinture par une courbe légère.

Entre-jambe. — Ligne droite partant de la pointe de fourche et s'éloignant de la ligne arrière dans le bas, de 1/4 de la largeur totale, soit . . . . 19 c.

Réglage de la ligne d'entre-jambe. — Établir un point de pivot sur la ligne du montant, à la moitié de l'intervalle compris entre la pointe de fourche et la ligne de côté.

Du point de pivot à la ligne de côté dans le bas, point 68, mesurer la longueur soit. . . . . 62 c.

Reporter cette mesure sur le point 19 du bas de l'entre-jambe.

N.-B. — Cette jupe peut avoir un pli devant et derrière, il suffit de laisser l'étoffe en plus de la valeur des plis que l'on désire. Pour éviter que la fourche retombe, il est nécessaire de placer un ruban intérieur qui est fixé à la fourche et vient s'attacher sur le devant à la ceinture ; son extrémité peut être munie d'un élastique pour lui donner de la souplesse.

Jupe amazone pour monter en cavalier

Fig. 129

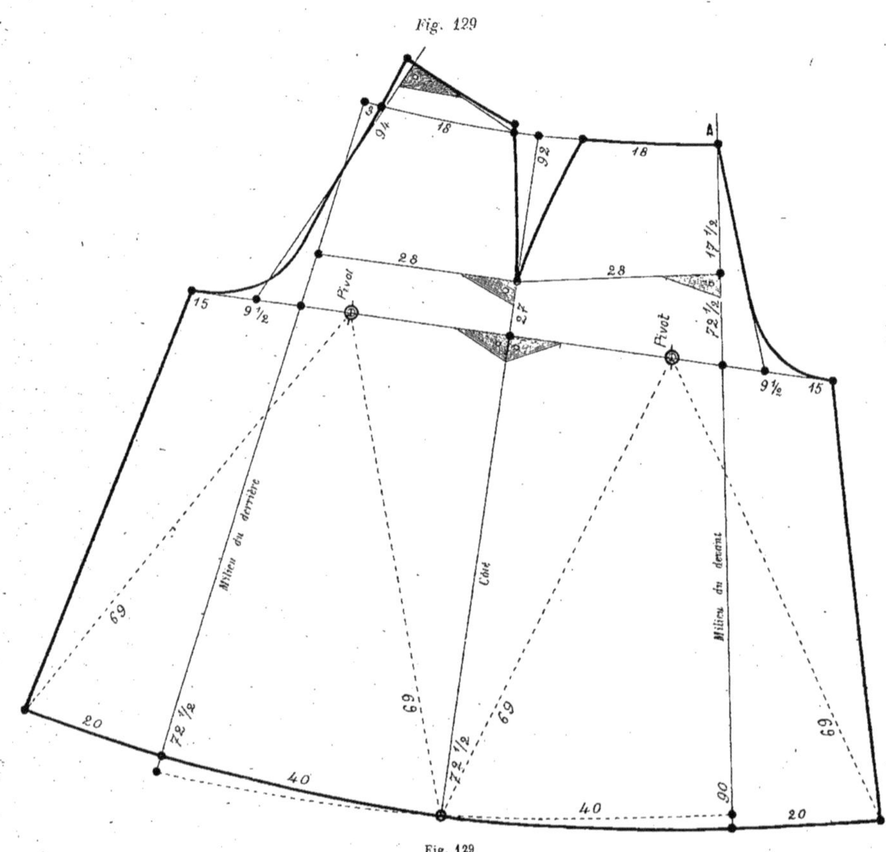

Fig. 129

MESURES

Demi-grosseur de ceinture	36 c.	**Longueurs.** —	Devant	90 c.
— de bassin	52 c.	—	Côté	92 c.
Demi-largeur du bas	80 c.	—	Derrière	94 c.

JUPE AMAZONE POUR MONTER EN CAVALIER *(Suite.)*

Fig. 129

Cette jupe s'établit exactement comme la précédente (fig. 128), sauf que nous avons à établir la fourche du devant en supplément.

Fourche du devant. — (Montant.) — Demi-bassin plus 1 cent., soit . . . . 27 c.
Ligne d'équerre sur celle du côté.

Valeur de la fourche. — Sur la ligne de montant, partant de la ligne du milieu du devant 1/4 de bassin plus 2 cent., soit . . . . 15 c.

Ligne de braguette. — Du point 15, rentrer de sa moitié plus 1 cent., soit . . . . . . 9 c. 1/2
De ce point au point A, ligne droite.
Dans l'angle, arrondir la fourche. (Voyez fig. 129.)

Entre-jambe. — Ligne droite partant du point 15 et s'éloignant de la ligne du devant dans le bas de 1/4 de la largeur totale, soit . . . . 20 c.

Réglage de la ligne d'entre-jambe. — Établir un point de pivot sur la ligne de montant, à la moitié de l'intervalle de la ligne de côté et de la pointe de fourche.

La longueur obtenue du point de pivot à la ligne du côté dans le bas, soit . . 69 c.

Reporter cette mesure sur le point 20 et façonner la ligne du bas comme l'indique le cliché.

Comme la jupe cycliste, cette jupe peut s'agrémenter de plis sur les côtés, devant et derrière ; il suffit de laisser l'étoffe supplémentaire nécessaire à la valeur des plis.

Culotte amazone

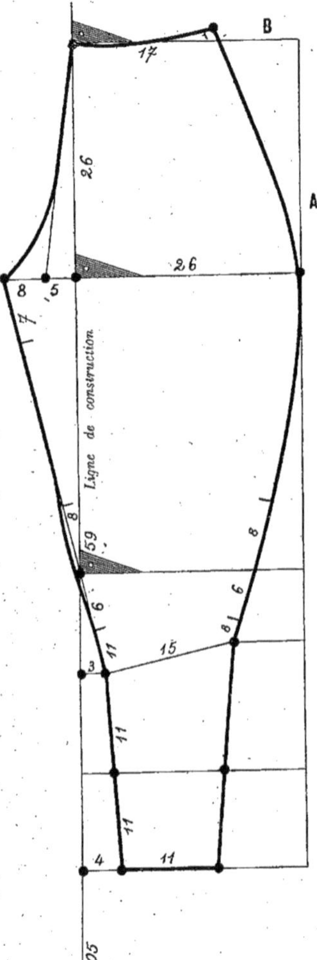

Fig. 130

Fig. 130

MESURES

Longueur du côté	105 c.
Demi-grosseur de ceinture	34 c.
— **de bassin**	48 c.
Montant	26 c.
Grosseur du jarret	15 c.
— **du mollet**	17 c.
— **du bas de jambe**	11 c.
Longueur au genou	59 c.

N.-B. — Comme pour les jupes, la longueur du côté doit toujours se prendre jusqu'à terre.

Les grosseurs sont toujours inscrites par moitié.

La mesure du jarret se prend juste en dessous du genou, celle du mollet au point le plus fort de la jambe et celle du bas 10 cent. environ au-dessus de la cheville.

La valeur du montant est obtenue par le demi-bassin plus 2 cent.

On peut également l'obtenir en faisant asseoir la personne et mesurer des hanches à la chaise.

La longueur du genou s'obtient par la moitié de la longueur du côté plus 1/4 du montant pour 105, moitié 52 1/2 plus 6 1/2, 1/4 de 26 montant . . . . 59 c.

Formation du devant

Ligne droite A, représentant le bord du tissu.

Éloignement de la ligne de construction. — De la ligne A demi-bassin plus 2 cent., soit 24 + 2. . . . . 26 c.
et tracer une ligne parallèle.

Former le carré dans le haut par la ligne B d'équerre sur celle de construction.

Longueurs. — Partant de la ligne B, montant 26 cent., genou 59 cent., longueur totale 105 c.
Aux points 26 et 59, ligne d'équerre sur celle de construction.

N.-B. — La longueur totale ne sert qu'à déterminer la longueur du genou.

Fourche. — Par le 1/6 de bassin depuis la ligne de construction, soit . . . . 8 c.

Façonnage. — Du point 8 rentrer de la moitié de sa valeur plus 1 cent., soit 4 + 1 . . 5 c.
Du point 5 à l'angle du carré ligne droite, dans l'angle du bas, ligne courbe douce.

Abattement des hanches. — S'obtient en appliquant sur la ligne du carré et depuis la ligne de construction, la demi-ceinture, soit. 17 c.
De ce point au niveau du côté, courbe douce.

Dans le haut, remonter de 1 cent. au-dessus de la ligne d'équerre.

Bas de jambe. — En dessous du genou, tracer trois lignes d'équerre sur celle de construction et éloignées entre elles de 11 cent. en moyenne.

Première ligne en dessous du genou, rentrer de 3 cent. pour toutes tailles et à celle du bas de 4 cent. pour toutes tailles.

Réunir le point 3 au point 4 par une ligne droite.

Le creux du jarret au côté est de 3 cent. plus haut que celui de l'entre-jambe; il ne s'éloigne donc de la ligne du genou que de . . . . 8 c.

Grosseurs de la jambe. — Au jarret, la mesure juste. . . . . 15 c.
Du point 3 au point 8.

Dans le bas, la mesure juste également.

Du point 4 allant vers le côté, soit. . . . . 11 c.

Du point 15/8 au point 11, ligne droite.

N.-B. — La grosseur du mollet ne s'applique qu'en construisant le derrière.

Ligne d'entre-jambe. — Du point 8, fourche au point 3, ligne droite.

Coches de montage. — Sur le côté, première, niveau du montant; deuxième, 8 cent. au-dessus de la ligne du genou; troisième, 6 cent. en dessous de la ligne du genou.

Sur l'entre-jambe, première, 7 cent. en dessous de la pointe de fourche; deuxième, 8 cent. au-dessus de la ligne du genou ; troisième, 6 cent. en dessous de la ligne du genou.

Entre les deux coches du genou sur l'entre-jambe, demi-centimètre de rond pour répondre à l'embu qui se place dans cette partie.

Le tracé du devant terminé, on le découpe et le place d'aplomb sur la partie qui doit former le derrière.

CULOTTE AMAZONE *(Suite.)*

Fig. 130 bis

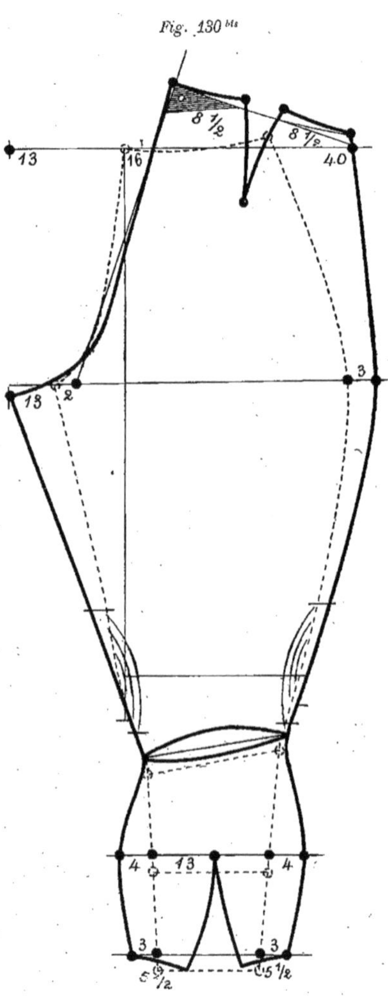

Fig. 130 bis

CULOTTE AMAZONE *(Suite.)*

Mesures : (*Voir l'étude précédente.*)

Fig. 130 bis

Formation du derrière

Placer le devant d'aplomb sur la partie destinée à former le derrière.

Prolonger la ligne B en avant et en arrière du devant, de même pour celles du montant et du genou.

Renversement de la ligne des fonds. — Sur la ligne B partant de la ligne de construction 1/3 du bassin moins le 1/4 plus 1, valeur de la fourche du derrière, soit 16 cent. moins 13 cent. (Voyez fig. 130 *bis*).

De ce point à 2 cent. en dedans de la pointe de fourche du devant, ligne droite se prolongeant vers le haut.

Ceinture. — Application de la mesure 34 + 6 . . . . 40 c.

Les 6 cent. de supplément sont pour former la pince.

Montant des hausses. — Placer l'équerre sur la ligne des fonds, son extrémité touchant le point 40 qui est placé sur la ligne B et tracer une ligne droite.

Pointe de fourche. — 1/4 de bassin plus 1 cent., soit 12 + 1 . . . . 13 c.

Dans l'angle, arrondir la fourche par une courbe douce.

Lignes de jarret, mollet et bas de jambe. — 2 cent. au-dessus de celles du devant pour fournir l'embu nécessaire à l'aisance du genou.

Ligne d'entre-jambe. — Par une ligne droite, du point de fourche 13 au creux du jarret.

Ligne du côté. — Part du point de ceinture 40, s'éloigne du devant de 3 cent. en moyenne au niveau du montant et touche le devant au creux du jarret.

Bas de jambe. — Augmenter la mesure de la valeur de la pince, soit 3 cent. chaque côté du devant.

Mollet. — Fournir au derrière le manquant du devant, ce qui donne pour notre tracé 4 cent. chaque côté.

Façonner les lignes comme l'indique le cliché.

Coches. — Sur le côté, première, niveau du montant; deuxième, 8 cent. au-dessus de la ligne du genou; troisième, 4 cent. en dessous de la ligne du genou.

Sur l'entre-jambe, première à 7 cent. de la pointe de fourche; deuxième, 8 cent. au-dessus du genou; troisième, 4 cent. en dessous du genou.

Pince du jarret. — Partie du haut creusée de 2 cent., celle du bas de 1 cent. Cette pince évite le cambrage du jarret.

Le montage de cette culotte se fait comme pour homme, sauf qu'il n'y a pas de braguette. Les fonds sont assemblés tout du long et l'on fait une ouverture dans la couture de chaque côté ou d'un seul côté à volonté.

Cette culotte est le genre classique; nous démontrons d'autre part la façon de placer le boutonnement sur le devant de la jambe.

CULOTTE AMAZONE *(Suite.)*

Fig. 131

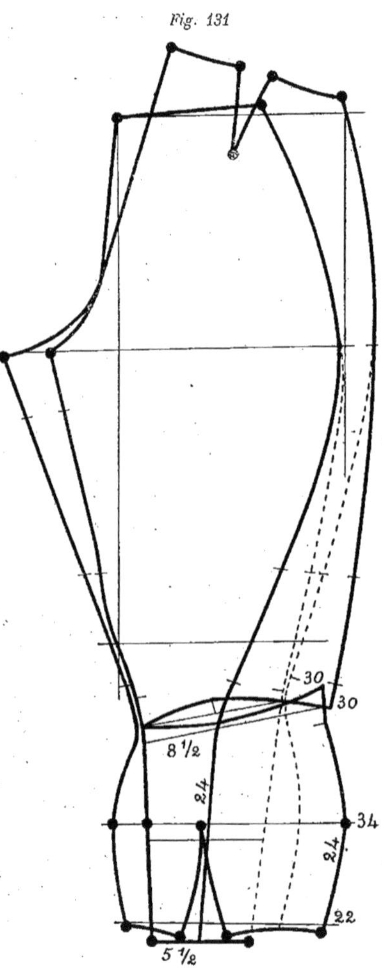

Fig. 131

CULOTTE AMAZONE *(Suite.)*

Fig. 131

Ce cliché démontre la façon de placer l'ouverture sur le devant.

La partie enlevée d'un côté est reportée de l'autre, en ayant bien soin de conserver les aplombs.

Ce dessin étant très explicite par lui-même, nous ne rentrerons pas dans des détails superflus.

N.-B. — Comme tous les vêtements de dame, les coutures ne sont pas comprises.

Ce genre de culotte se ferme dans le bas plutôt par des œillets que par des boutons.

L'ouverture à la ceinture se fait généralement aux côtés façon grand pont, et l'arrêtement de cette ouverture se place à hauteur de la proéminence du bassin.

Une poche avec ouverture passepoilée peut se faire de chaque côté dans la parementure qui fait le grand pont.

Étude de la Guêtre

Fig. 132

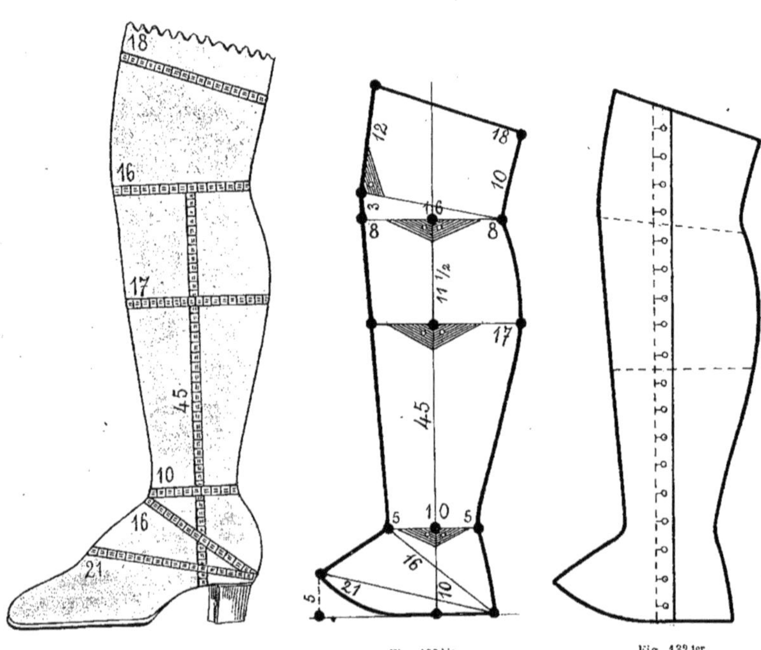

Fig. 132 Fig. 132 bis Fig. 132 ter

PRISE DES MESURES

Au-dessus du genou	18 c.	**Bas de jambe**	10 c.
En dessous —	16 c.	**Cou-de-pied**	16 c.
Mollet	17 c.	**Avancement**	21 c.
Hauteur de la semelle au creux du jarret			45 c.

N.-B. — Les grosseurs s'inscrivent toujours par moitié.

ÉTUDE DE LA GUÊTRE *(Suite.)*

Fig. 131 bis

Formation de la Guêtre

Tracer une ligne perpendiculaire, puis dans le bas tracer une ligne transversale et d'équerre sur la perpendiculaire.

Hauteur de la cheville. — 10 cent. pour toutes tailles.

Hauteur du jarret. — La mesure. . . . . 45 c.

Niveau du mollet. — En dessous de la ligne du jarret 1/4 de la hauteur, soit . . . . . 11 c. 1/2
A tous ces points, lignes d'équerre.

Largeur du bas de jambe. — La mesure. . . . . 10 c.
Moitié chaque côté de la ligne verticale, soit 5 cent. par côté.

Largeur du jarret. — La mesure. . . . . 16 c.
Moitié chaque côté, soit . . . . 8 c.

Ligne du devant. — A la règle touchant le point de la cheville et celui du jarret.

Mollet. — La mesure, soit . . . . 17 c.
en partant de la ligne droite du devant.

Cou-de-pied. — Appliquer la mesure en partant du point 5 devant de la jambe et venant trouver la ligne d'équerre du bas.

Façonner la partie arrière en touchant tous les points.

Supplément de hauteur au-dessus du genou.

Sur le devant, remonter de 3 c. et tracer une ligne droite du point 3 au creux du jarret derrière.

Sur cette ligne, un trait d'équerre en remontant et faisant la continuation de la ligne du devant.

Hauteur supplémentaire. — Sur le devant 12 cent., à l'arrière. . . . . 10 c.

Largeur au-dessus du genou. — La mesure, soit . . . . 18 c.
Partant de la ligne avant à la ligne arrière.

Avancement. — La mesure . . . . 21 c.
Du talon en avant, en remontant de la ligne d'équerre du bas de . . . . 5 c.
Façonner le dessus du pied et le bas comme l'indique le cliché.

Fig. 132 ter

Cette figure démontre l'ouverture du côté et par des pointillés les différentes hauteurs de guêtres que l'on peut faire.

Jupe amazone pour couvrir la culotte cavalier

Mesures : 34, 48, 95, 96, 97

Fig. 133 et 133 bis

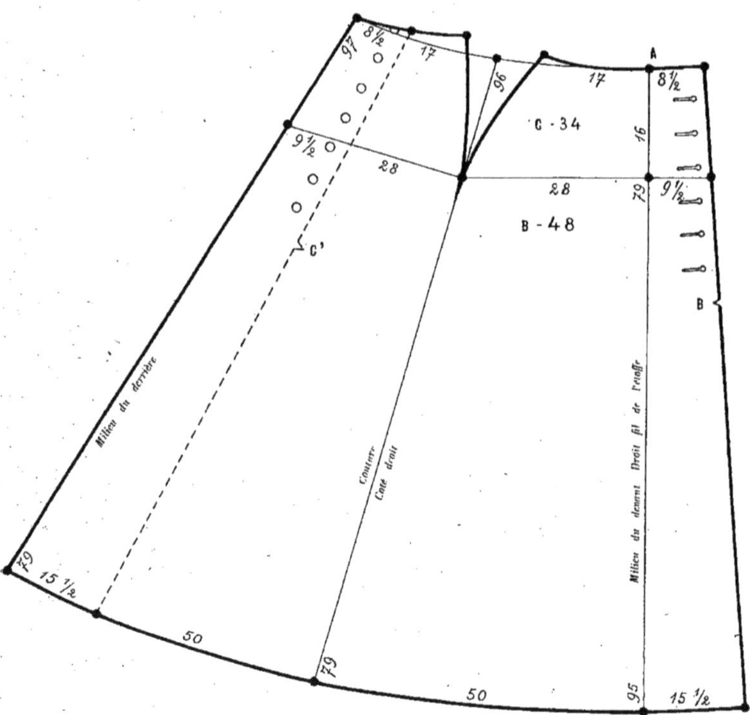

Fig. 133

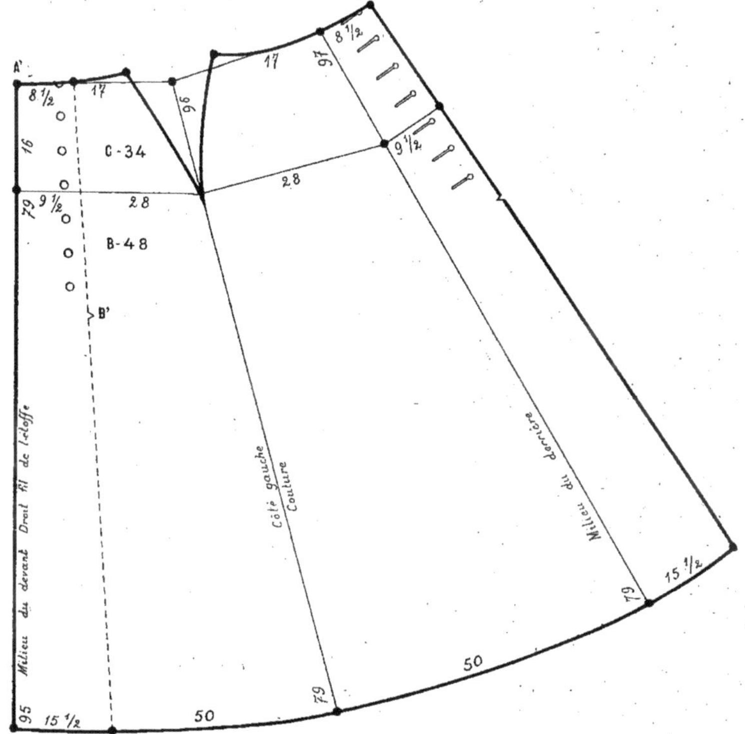

Fig. 133 bis

Cette jupe s'établit comme la jupe classique de ville, seulement elle s'ouvre devant et derrière, afin que la personne puisse monter en cavalier.

Le boutonnement ne se fait que jusqu'au niveau du montant de la culotte.

L'un des boutonnements est fixe, l'autre est mobile pour permettre d'enlever et mettre la jupe.

La fermeture croise de la valeur d'un demi-tablier qui peut être plus ou moins large.

Le côté droit croise sur le côté gauche, comme l'indique les deux clichés pour la partie du devant de la jupe.

Pour la partie du derrière c'est le côté gauche qui croise sur le côté droit.

En étudiant attentivement les clichés, il est facile de reproduire cette jupe.

TABLE DES MATIÈRES

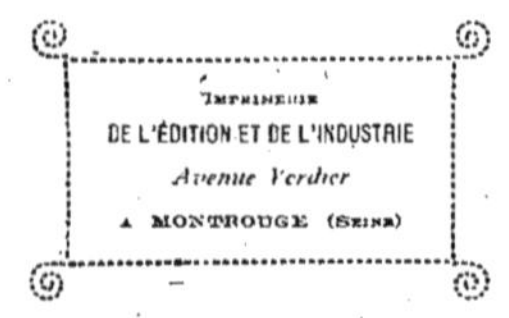
Imprimerie
DE L'ÉDITION ET DE L'INDUSTRIE
Avenue Verdier
A MONTROUGE (Seine)

www.ingramcontent.com/pod-product-compliance
Ingram Content Group UK Ltd.
Pitfield, Milton Keynes, MK11 3LW, UK
UKHW022100260726
13993UKWH00001B/239